Reiser · Alte Häuser – Große Namen · München

Rudolf Reiser

# Alte Häuser – Große Namen

## München

Bruckmann München

Herstellung: F. Bruckmann KG, München, Graphische Kunstanstalten
Printed in Germany
ISBN 3 7654 1712 2

# Inhalt

SCHWABING

## JENSEITS DER ISAR

# Vorwort

»Ein deutsches Himmelreich« nennt der amerikanische Dichter Thomas Wolfe die Stadt München, für einen uns unbekannten Flamen ist sie 1730 ein »zeitlicher Himmel«, der russische Maler Kandinsky kommt sogar »mit dem Gefühl einer Wiedergeburt« hierher, der englische Musikkritiker Carl Burney bezeichnet 1773 München als »eine der wohlgebautesten Städte«, der dänische Märchendichter Andersen als »Germaniens Athen«, und für den in Böhmen geborenen Zeichner Kubin ist München »das liebste aller Pflaster in der schönsten aller Städte«.

Das sind nur ein paar Zitate, die sich schier ins unendliche fortsetzen ließen. München ist in der Tat auch eine Stadt, an der selten eine Reise des europäischen Adels und der Handwerksgesellen, der Diplomaten und Politiker oder der Bohemien und Künstler vorbeiführt. So weilen hier unter anderem Kaiser und Könige, Künstler und Kardinäle, Kalifen und Komponisten, Krieger und Kurtisanen. Sie wohnen in einfachen Mietswohnungen, Hinterhäusern, Dachstuben, vornehmen Gasthöfen, Adelspalästen oder gar in der Residenz. Viele von ihnen erwerben hier auch Grund und Boden und bauen sich selbst ein Haus, eine Villa oder sogar ein Palais.

Einige dieser Häuser und Herbergen stehen heute noch. Andere wurden in der Gründerzeit abgetragen, im Zweiten Weltkrieg zerstört oder nach dem Krieg abgerissen, um moderneren und rentableren Glas- und Betonkästen zu weichen. So sind die Gebäude, in denen beispielsweise Goethe, Hans Sachs, Mozart, Richard Wagner oder Carl Maria von Weber wohnten, längst der Spitzhacke zum Ofer gefallen. Sie hätten zweifelsohne viel Merk- und Denkwürdiges erzählen können.

Aber auch von den Häusern, die uns verblieben sind, machen

viele bemerkenswerte Zeiten durch. Sie sehen großartige Künstler wie unter anderem die Gunetzrhainer, die Gebrüder Asam, Johann Baptist Straub, Ignaz Günther, Franz Marc, Franz von Lenbach, Wassily Kandinsky, Lovis Corinth, Alfred Kubin, Paul Klee und Olaf Gulbransson. Sie erleben weiter große Dichter und Schriftsteller wie Heinrich Heine, Henrik Ibsen, Georg Britting, Frank Wedekind, Ricarda Huch, Otto Julius Bierbaum, Max Halbe, Rainer Maria Rilke, die Gebrüder Heinrich und Thomas Mann, Erich Kästner und Lena Christ und schließlich Diktatoren wie Hitler, Mussolini und Lenin und bekannte Forscher wie Rudolf Diesel, Wilhelm Röntgen und Lujo Brentano.

All diese Häuser können erzählen von anregenden Diskussionen und Debatten über Kunst und Kultur, Politik und Parteien, von Zank und Zwietracht, Abenteuern und Amouren und von großen Festen und Feiern mit den hübschesten und verführerischsten Frauen, den besten Weinen und den erlesensten Delikatessen. Und von all dem ist in diesem Buch die Rede.

# Innenstadt

*Georg Desmarées,*
*Johann Maximilian IV. Emanuel Graf von Preysing-Hohenaschau,*
*um 1755, Schloß Moos*

# Das Preysing-Palais gegenüber der Residenz Residenzstraße 27

Der Residenz gegenüber steht das Barockpalais des mächtigsten bayerischen Beamten im 18. Jahrhundert: Maximilian Graf von Preysing (1687–1764), Präsident des Konferenzrates, Prinzenerzieher, Obristkämmerer und Kanzler des Ordens des heiligen Georg. Vor allem aber ist er der beste Freund von Karl Albrecht (1697–1745), dem bayerischen Kurfürsten und späteren Kaiser. Mit ihm macht er die Kavalierstour, auf der er den jungen Wittelsbacher mit dem »zweyten Geschlecht« vertraut macht. Beide lernen den »Venusberg« in ganz Europa gründlich kennen.
Preysing besitzt ursprünglich gegenüber der Residenz zwei alte Häuser. Da Karl Albrecht seinen Vertrauten öfter wegen dieser unzeitgemäßen Behausung (Rokoko ist Mode) auslacht, grämt sich Preysing plötzlich so sehr, daß er um das Jahr 1723, als der Wittelsbacher gerade außerhalb Münchens weilt, beide Gebäude abreißen und ein neues Palais mit solcher Hast aufbauen läßt, daß selbst in der Nacht bei Fackelschein gearbeitet wird. Er will Karl Albrecht überraschen, was ihm schließlich auch gelingt. Baumeister ist Josef Effner (1687–1745), der schon in Schleißheim und Nymphenburg arbeitete.
Das Preysing-Palais gehört zu den großen Rokoko-Schöpfungen Münchens, das zu seiner Zeit einiges Aufsehen inner- und außerhalb des Kurfürstentums erregt. Johann Georg Keyssler (1689 bis 1743), ein zu seiner Zeit berühmter Schriftsteller aus Hannover, berichtet in seinen Reisebriefen von der Sensation. Das Palais ist seiner Meinung nach »eine große Zierde«, die »mit vier Seiten sich in ebenso vielen Straßen endiget«. Nicht nur die Salons sind prächtig, sondern auch der Marstall, in dem »die Seulen der Pferdestände von rothem Marmor« sind. »Jedes Pferd frist aus seiner besondern marmornen Muschel, die fünf und zwanzig Gulden kostet.«
Zahllose Heiducken, Pagen, Köche, Stallknechte, Dienstmägde

und Zofen sind im Palais beschäftigt. Preysing selbst erledigt hier einen Großteil seiner Korrespondenzen, die die Wittelsbacher Kuriere in alle Welt befördern. Die Depeschen sind nahezu unleserlich, so schnell muß bei ihm alles gehen. »Lieber Graf von Preysing, zu allem ibrigen verlasse mich auf deine bekannte Gepflichtigkeit«, so gehen viele Briefe an, die Karl Albrecht an seinen Vertrauten schreibt. Es ist ein herzliches Einverständnis.

Nur eines trennt die beiden mit den Jahren. Während der Kurfürst und spätere Kaiser nach wie vor den hübschen Damen nachstellt (er hat zwischen 40 und 60 illegitime Kinder), wird der Graf Preysing immer »bigotter«, wie der französische General Louis de Clerambault in seinen handschriftlichen Aufzeichnungen berichtet. Der Minister sei wie ein »Ministrant«, der nicht nur alle Ausschweifungen scharf verurteilt, sondern selbst jeder Frau aus dem Wege geht.

Nach dem Tod seiner ersten Gattin, einer geborenen Rechberg, dringt der Vater in ihn, »aus dem Wittwerstand zur andern Ehe zu schreiten, damit die Familie, so auf ihn allein beruhet, nicht erlösche«. Preysing heiratet auch noch einmal. Seine Auserwählte ist eine Gräfin Fugger, mit der er sich zwar angeblich im Gebet, aber nicht im Bett vereint. Der französische General berichtet, daß »diese Folgen seine Frau verrückt machten«. Der Wunsch des Vaters, Enkel zu bekommen, kann sich nicht erfüllen. Preysing stirbt kinderlos.

Am Hof ist man natürlich informiert. Der Kurfürst kniet vor seinen Geliebten, der Minister vor den Altären der Theatinerkirche. Oft und oft läßt er sich in der Sänfte hinübertragen, um zu beten und beichten. Bei den Fronleichnamsprozessionen spart er nicht mit Ausgaben und Einfällen. »Habe ausgehängt im untern Balcon meinen großen Paul Veronese«, schreibt er einmal in sein Tagebuch.

Heute sind im Preysing-Palais, das nach schweren Kriegsschäden wiederhergestellt wurde, Geschäfte und Praxen untergebracht. Das Treppenhaus ist ein barockes Kleinod, das eine würdige Kulisse für eine Rosenkavalieraufführung abgeben würde.

# Das Gunetzrhainer-Haus am Promenadeplatz 15

Der Architekt und Baumeister Johann Baptist Gunetzrhainer (1692–1763), dessen Haus am Promenadeplatz 15 zu den noch erhaltenen Künstlerpalais der Landeshauptstadt gehört, ist der erste Münchner, der im bayerischen Kurfürstentum die oberste

Baumeisterstelle einnimmt. Er wächst am Unteranger auf, besucht das Gymnasium und absolviert seine dreijährige Lehrzeit. Nach der Rückkehr von seiner Gesellenreise wird er 1721 am Hof angestellt. Am 13. September 1722 heiratet er in der Frauenkirche Anna Katharina Stürzer, die Schwester des Besitzers des »Goldenen Hirschen« (Theatinerstraße 18). Im Jahr darauf wird ihm der Sohn Johann geboren. Baron Unertl ist Pate.

Vom Münchner Georg Schuster kauft Gunetzrhainer am 4. Mai 1726 für 600 Gulden sein Haus am Promenadeplatz, das 25 Jahre vorher noch 3300 Gulden gekostet hatte. Sofort zieht er um und nimmt seine Schwiegermutter, »wittib und weingastgebin«, bei sich auf. Kurze Zeit später beginnt er mit dem Umbau. Er scheut dabei weder Mühe noch Geld und vollendet ein Kleinod, das als »eines der liebenswürdigsten Repräsentanten des Münchner Bürgerhauses gelten darf, in dem die Würde zum Ausdruck kommt, mit der Gunetzrhainer sich selbst den Adeligen und hohen Beamten an die Seite stellt«, wie Helene Völker in ihrer Gunetzrhainer-Biographie schreibt. Den Glanzpunkt der Dekoration bildet ihrer Meinung nach die Gruppe der beiden Fenster mit der Madonnennische im ersten Stock. Kunsthistorisch interessant ist dabei, daß Gunetzrhainer die Nische, in der die Madonna steht, in das System der Dekoration einbezieht, was in München eine ausgesprochene Rarität ist.

In der Zeit des Umbaus eilt der Künstler oft zur Theatinerstraße hinüber, wo er für seinen Schwager Franz Joseph Stürzer (1699 bis 1768) den »Goldenen Hirschen« neu gestaltet. Es ist jenes Münchner Gasthaus, in der die Großen als Gäste verkehren: Kaiser Joseph II., Lessing, Mozart und Casanova, der in seinen Memoiren behauptet: »Ich habe in meinem Leben viel Torheiten begangen. Indes beging ich wenige so große und alberne als die, nach München zu reisen.«

Gunetzrhainer bekommt jetzt immer mehr Aufträge. Unter anderem arbeitet er in Straubing (St. Ursula), Sandizell (Hofmarkskirche), Tegernsee (Klosterbau), Seligenthal (Kirche), München (Damenstiftskirche und Törring-Palais, die heutige Hauptpost) und Ruhpolding (Dorfkirche).

1745 erreicht ihn in seinem Haus eine Depesche des Kurfürsten. Er weiß, um was es geht – um die Nachfolge des verstorbenen Oberbaumeisters Effner. In dem Schreiben steht: »Ihro Ch. Durchlaucht in Payern... haben auf erfolgtes ableiben dero Hofkammer Rhat und Ober Paumeisters Josephen Effners die erledigte Ober Paumeisters Stehle dero bisherigen Unter Paumeister Johann Gunetsrhainer in gnädigster betrachtung seiner durch villjährige guette Dienste erprobten Kunst und erfahrenheit bewilligt.« Er erhält ein jährliches Gehalt von 700 Gulden und ein eigenes »geförth«.
Im Jahr darauf wird er mit der Ausgestaltung der »Reichen Zimmer« in der Residenz beauftragt. 1750 avanciert er zum Hofkammerrat und Inspektor der kurfürstlichen Hof- und Lustgärten. Das jährliche Gehalt beträgt jetzt 1000 Gulden, genau wie bei Cuvilliés, der nach dem Residenzbrand von 1750 mit dem Bau des nach ihm benannten Theaters, des schönsten in ganz Europa, beginnt. Gunetzrhainers letzter großer Auftrag heißt Schäftlarn, wo er zwischen 1751 und 1760 den Bau der Benediktinerkirche ausführt. Zur Seite steht ihm dabei sein Schwager Johann Michael Fischer, der 1725 seine Schwester heiratet.
Die meiste Zeit seit seiner Ernennung zum Oberbaumeister verbringt Gunetzrhainer aber daheim bei seiner Familie, denn er ist jetzt mehr Beamter als praktizierender Baumeister. So hat er sich in seinem Palais den »laufenden Aufgaben« des Bauamtes und des Hofes zu widmen. Hier empfängt er seine Auftraggeber und Mitarbeiter, verfaßt technische Gutachten und erledigt die anfallenden Schreibarbeiten. Der künstlerisch begabtere Cuvilliés wird ihm nie gefährlich, da er der deutschen Sprache nicht mächtig, also für ein Verwaltungsamt ungeeignet ist.
Der Künstler stirbt am 23. November 1763 in seinem Haus am Promenadeplatz 15. Drei Tage später wird er am Salvatorfriedhof begraben. Sein nobles, dem Rang eines Hofbaumeisters gemäßes Haus am Promenadeplatz wird 1944 teilweise zerstört, 1960 aber wieder aufgebaut. Es gehört heute der Deutschen Bank.

# An Lichtmeß ein blauer Brief ins Montgelas-Palais Promenadeplatz 2

Am Vormittag des 2. Februar 1817 sprengt ein königlicher Kurier von der Residenz zum Montgelas-Palais am Promenadeplatz. Er hat einen Brief von König Max (1756–1825) in seiner Tasche, der den allmächtigen Außen-, Innen- und Finanzminister Max von Montgelas (1759–1838) aus allen Wolken fallen läßt. Es ist das Entlassungsschreiben, auf das der Kronprinz und spätere König Ludwig I. (1786–1868) so drängte. Der dreifache

*Maximilian Joseph Graf von Montgelas*

Minister, Begründer des modernen bayerischen Staates, ist konsterniert. Er sitzt gerade an seinem Arbeitstisch, als er das Billett erhält. Nachdem er alles durchgelesen hatte, lehnt er sich in seinen Sessel zurück und schweigt eine Viertelstunde. Dann stöhnt er, aber nicht über die Entlassung, sondern über die fast unbedeutende Kürzung seines Gehalts.

Das Montgelas-Palais war zwischen 1810 und 1813 vom Portugiesen Herigoyen (1746–1817) für den Minister gründlich umgebaut worden. Seit seiner Fertigstellung dient es ihm als Residenz, von der aus die Fäden der bayerischen Politik gesponnen werden. Der preußische Gesandte Küster beschreibt in seinem »Politischen Gemälde von Baiern« den Tagesablauf im Palais: Montgelas steht »im Sommer um 5 bis 6 Uhr, im Winter noch später« auf, nimmt Bad und Breakfast und arbeitet dann »höchstens vier bis fünf Stunden«. Von 12 bis 13 Uhr kommen Besuche. Nach einem kleinen Spaziergang geht er zur Tafel. Dann ist für ihn Feierabend.

In diesem Montgelas-Palais herrscht Byzantinismus reinster Form. Keiner traut sich, dem Allmächtigen zu widersprechen. Wer von seinen Beamten im Außen-, Innen- und Finanzministerium nicht pariert, wird entlassen, berichtet der preußische Gesandte. Nur zwei Personen dürfen sich außer Mitgliedern des Königshauses über ihn mokieren: Er selbst und seine Frau.

Daß er als Innen- und Finanzminister nichts oder nur wenig leistet, ist bekannt. Sagen darf es ihm niemand. Nur er selbst führt das Thema an seinen Tafeln ab und zu an. So kritisiert er als Außenminister wiederholt die Verordnungen des Finanzministers und fragt seine Gäste, »ob sie darin eine Spur von Menschenverstand fänden?« (Karl von Lang). Und seine arrogante Gattin macht nach Meinung des geschäftsführenden österreichischen Gesandten Hruby »Charakterschwäche und Lässigkeit ihres Gemahls (so) lächerlich«, daß den Gegnern »leichtes Spiel verschafft« wird, ihn schließlich abzuschießen.

In jenen kritischen Tagen ist Montgelas nicht recht gesund. Er kränkelt und läßt die Geschäfte schleifen. Echte und wahrscheinlich auch künstliche Beschwerden kommen zum König, der als

Verehrer des »schönen Geschlechts« gerade aus dem Wiener Fasching zurückkehrt. Am 29. Januar schreibt Max an Montgelas, daß er ihn am 2. Februar um 11 Uhr besuchen kommt. Montgelas wartet. Weiß er, daß die bayerischen Bauern an diesem Lichtmeßtag ihre Dienstboten entlassen, wenn sie mit ihnen unzufrieden sind? Um 11.15 Uhr jedenfalls erscheint anstatt des Königs der Kurier mit dem blauen Brief.

Schnell ist in München (Montgelas: »eine sehr rohe Stadt«) die Kunde in aller Munde. Das Palais ist von Polizei umstellt, »um dem unziemlichen Ausbruche der Volksfreude vorzubauen«, wie Hruby am 5. Februar an Fürst Metternich schreibt. Gegen 250000 Gulden geht das Palais am Promenadeplatz in die Hand des Königs über und wird zum Auswärtigen Amt bestimmt. Als Montgelas Politik und Palais für immer verläßt, trägt er »sein Schicksal mit Gelassenheit und Anstand, obgleich der tiefe Eindruck des Unerwarteten dieses Schlages auf seinem Gesichte unverkennbar ist«, schreibt ein Zeitgenosse.

Heute steht das Montgelas-Palais dem Hotel »Bayerischer Hof«, der es 1972 renovieren läßt, zur Verfügung. Es enthält im Erdgeschoß eine »Palais-Halle« mit Vertäfelung aus Oberitalien und fünf Boutiquen. In der ersten Etage befinden sich ein Foyer, mehrere Salons und eine Bibliothek, in der zweiten Etage zwei Salons und das sogenannte »Ministerzimmer«, in dem Montgelas residierte und später der jeweilige Ministerpräsident. Der »Königssaal« ist ein originalgetreu restaurierter Prunksaal für Bankette, Konzerte und Feste. In die dritte und vierte Etage wurden Hotelappartements mit fürstlicher Ausstattung eingebaut.

# Ganz Europa trifft sich im Palais Seinsheim Prannerstraße 7

Im Palais Seinsheim (Prannerstraße 7) residiert im 18. Jahrhundert einer der fortschrittlichsten Politiker Bayerns: Graf Joseph Franz Maria von Seinsheim (1707–1787), seines Zeichens bayerischer Minister, Oberhofmeister und Präsident der Akademie der Wissenschaften. Ein Mann, »der alles regiert«, wie sich 1772 der nachmalige preußische Staatskanzler Karl August von Hardenberg (1750–1822) bei seinem Besuch in München ausdrückt.
Sein Münchner Stadtpalais läßt der Graf in den sechziger Jahren des 18. Jahrhunderts neu überarbeiten und aufbauen (um 1900 wird es neubarockisiert). Es ist eines der größten Adelshäuser der Residenzstadt, das ursprünglich vom Promenadeplatz bis zur Prannerstraße reicht. Gäste aus ganz Europa bewundern die repräsentativen Räume, in denen zahlreiche Assembleen, Musik-, Karten- und Tanzabende stattfinden. Die Fassaden zeigen bereits den kommenden Klassizismus an. Die Aussicht zum Hof ist nach Berichten des Enkels von Graf Seinsheim aber überhaupt »nicht reizend«. Wie er schreibt, blickt man »auf ein etwas niedriges Dach von einem anstoßenden Nebengebäude und eine Düngstatt, die eben nicht angenehm heraufduftet«. Ständig schleichen im Hof Katzen umher, die aber zur Unterhaltung der Kinder beitragen.
Hier im Palais werden Herrschaften aus ganz Europa empfangen und vor allem von der hübschen Gräfin Josepha, der zweiten Gemahlin Seinsheims, betreut. Mozart ist hier sehr wahrscheinlich 1780 zu Gast, Cuvilliés, Ignaz Günther, Franz Xaver Feichtmayr und Matthäus Günther holen sich hier ihre Instruktionen für die Ausgestaltung des Seinsheimschen Schlosses in Sünching (bei Regensburg) ab, die Mätresse des Kölner Erzbischofs und Kurfürsten Clemens August (1700–1761), eine geborene Seinsheim, bringt immer neue Nachrichten aus dem Rheinland, der

*Joseph Franz Maria Graf von Seinsheim*

Fürst-Erzbischof von Bamberg und Würzburg, ein Bruder des Grafen, schaut öfter vorbei, ebenso Professoren aus ganz Deutschland, insbesondere aus Ingolstadt, die hier über Magnetismus, Botanik, Meteorologie, Astronomie und Salzwesen diskutieren. Doch man spielt hier auch gern Karten (»Trisette«), mancher gewinnt oder verliert dabei ein Vermögen.

Nach den Berichten (»Reise durch den Baierischen Kreis«) des entsprungenen Benediktinermönches Johann Pezzl (1756–1823) ist Graf Seinsheim »einer der tätigsten Patrioten in Baiern« und einer »der erleuchtesten Kavaliers«, ein Mann, der als einer der ersten in Bayern an seinen Häusern Blitzableiter installiert, auf seinen Gütern Versuche mit Hopfenbau und Schafzucht macht und die Düngemittel verbessert. Als Präsident der Akademie der Wissenschaften gibt er stets Impulse, regt und spornt an und macht Gelder locker.

Vom Stadtpalais aus wird bayerische Politik gemacht. Der Graf gilt insbesondere als Anhänger Österreichs. Die Kaiserin in Wien versichert ihm wiederholt ihre Huld, und ihr Hof verehrt ihn als einen »rechtschaffenen ministre«, wie aus den Akten des Geheimen Staatsarchivs in München hervorgeht. Als 1775 der Posten des bayerischen Gesandten in Wien vakant wird, wollen die Österreicher den Sohn des Grafen, Maximilian Clemens (1751–1803), »welcher gewiß unter allen anderen der angenehmste seyn wird«, haben. Auch Kurfürst Karl Theodor schätzt Seinsheim und bezeichnet ihn in seinen Depeschen als »wohlgeborenen lieben Getreuen«.

Doch der Graf wird auch gehaßt. Für Hardenberg legt er »nur wenig Einsicht an den Tag«. Angeblich hält er Finanzen und Militär nicht »in rechter Ordnung«. Der kaiserliche Gesandte in München trifft Seinsheim »anbey nach seiner Arth noch mehr als vorher aufgeblasen an«. In seinem Landgut Sünching läßt Seinsheim allen Bauern die Hand abschlagen, die Baumfrevel begehen. Allerdings erweist er ihnen auch zahlreiche Wohltaten, insbesondere in den Hungerjahren, wie Pezzl berichtet.

Maximilian Clemens, der hier im Palais aufwächst, ist ein großer Mozart-Verehrer, der bei den Proben zu »Idomeneo« als einziger

neben der Schwester von Theaterintendant Seeau teilnehmen darf, wie Mozart am 1. Dezember 1780 an seinen Vater in Salzburg schreibt. Er gilt als einer der besten Tänzer der Residenzstadt und gehört zu den Illuminaten, weshalb er bald in die Ungnade des Kurfürsten fällt. Unverzüglich verläßt er deshalb das Münchner Palais und flieht in die freie Reichsstadt Regensburg.

Graf Joseph Franz Maria stirbt am 14. Januar 1787 in seinem Münchner Palais. »Der Tod dieses sehr verehrungswürdigen 80jährigen Herrn kam zwar schnell, aber so sanft und stille, wie der freundliche Ruf Gottes«, schreibt die »Münchner Zeitung«. Der Leichnam wird zum Begräbnis nach Sünching überführt, wo zahlreiche Trauerfeierlichkeiten stattfinden.

Heute gehört das Palais dem Bayerischen Städteverband.

# Ein bayerischer Außenminister in der Prannerstraße 9

»Der Teufel hole die Minister«, sagt König Ludwig I. am Fronleichnamstag 1831, kurz bevor er sich in die Prozession einreiht. Er meint damit in erster Linie Graf von Armansperg, den bayerischen Außenminister. Kurze Zeit später ernennt der König den 48jährigen Gutsbesitzer August von Gise (1783–1860) zum Nachfolger Armanspergs.

Schon früh für die Politik bestimmt, bereitet sich Gise sorgfältig auf diese Berufung vor. Er geht 1807 als diplomatischer Eleve an die Gesandtschaft in Paris, wird 1808 Legationssekretär, 1815 bayerischer Gesandter in den Niederlanden, 1824 Gesandter in Sachsen, dann bayerischer Außenminister und Staatsminister des königlichen Hauses. Er gilt als ein entschiedener Gegner Österreichs und als ein glühender bayerischer Patriot.

Selbstverständlich braucht Gise als Außenminister eine repräsentative Residenz, in der er die Herrschaften aus den verschiedenen Reichen bewirten und »aushorchen« kann. Und es gelingt ihm bald, ein Palais, das im Jahrhundert zuvor erbaut worden war, zu erwerben. Es gehört ursprünglich den Grafen von Taufkirchen, deren Erben es 1731 an die Grafen Arco weiterveräußern. 1837 kauft es dann Gise für 33000 Gulden.

Knapp zwei Jahresgehälter muß der Außenminister darangeben, um dieses herrliche Palais in der Prannerstraße erwerben zu können. Wie aus den Akten hervorgeht, ist Gise in der Lage, sich praktisch jedes Haus in der königlichen Haupt- und Residenzstadt zu kaufen. Er bezieht nämlich als Minister nicht nur ein Jahresgehalt von 18000 Gulden (der Innenminister beispielsweise erhält nur 6000 Gulden), er hat auch noch bedeutende Einnahmen aus »meinen Landgütern in Teublitz bey Regensburg«, wie er sich selbst ausdrückt.

Selbstverständlich ist das Gise-Palais ein Zentrum gesellschaftlichen Lebens in München. Die Gesandten aller europäischer Herrscher geben sich hier ein Stelldichein, soupieren und disku-

tieren hier, verbreiten den jüngsten Klatsch und informieren sich über die Launen des bayerischen Königs, der ja immer wieder für Unterhaltungsstoff sorgt. Vor allem seine neuesten Liebschaften werden hier im großen Salon viel und oft erörtert. Man weiß, daß der König lange vor der Affäre mit Lola Montez allen hübschen Frauen nachstellt und daß er in seinem geliebten Italien Domen und Damen gleichermaßen seine ganze Aufmerksamkeit schenkt.

Gise hat es bei all diesen Assembleen nicht leicht. Es ist bekannt, daß er dem libidinösen König total ergeben ist. Seine noch unveröffentlichten Briefe an den Monarchen weisen ihn als einen treuen Gefolgsmann aus. Allein schon, wenn er den König im Sommer eines jeden Jahres um Urlaub »zur Herstellung meiner Gesundheit« bittet oder wenn er Ludwig im Herbst jedesmal ankündigt, daß der »von Seiner Majestaet dem Koenige ihm huldreichst bewilligten Landaufenthalte nunmehr beendet« ist, zeigt, wie er um des Königs Gunst besorgt ist.
Sorge bereitet Gise während seiner Amtszeit weniger sein Ressort als Außenminister als vielmehr sein Amt als Minister für das Königshaus. Und da gibt es tagtäglich Probleme. Die Kuriere und Kutscher der Königin halten genauso vor dem Gise-Palais, um sich beim Minister über die neuesten Seitensprünge des Königs zu informieren und den Minister zu beauftragen, den Monarchen zu warnen, wie die vielen Neffen und Nichten, Tanten und Töchter der Dynastie, die die verschiedenartigsten Privilegien und Gunstbezeigungen wollen.
Beim Volk selbst hat der Hausherr des Gise-Palais wenig Ansehen. Bald spricht sich in der Stadt herum, daß der Minister Briefe aus den niederen Einwohnerschichten nur selten beantwortet. Bittgesuche mag er überhaupt nicht. Er befiehlt seinem Sekretär, sie sofort »ad acta«, wie er sich ausdrückt, zu legen.
»Was man seit einiger Zeit voraussehen konnte, ist eingetroffen: Gise ist gestern seines Amtes enthoben worden.« Das schreibt am 28. Mai 1846 der preußische Gesandte Graf Bernstorff nach Berlin. In München erregt gerade eine Bierpreiserhöhung die Gemüter der Bevölkerung. Gise ist konsterniert. Aber er kennt ja den launischen König, der zur selben Zeit seiner Entlassung die Tänzerin Lola Montez kennen- und liebenlernt und damit eine Staatskrise heraufbeschwört, die ihn zwei Jahre später selbst zur Abdankung zwingt.
Im Palais an der Prannerstraße wird es jetzt ruhig. Nach Gises Tod geht es an seine Kinder. 1897 gehört es seinem Enkel Reinhard von Gise. 1906 wird das Haus an die Süddeutsche Feuerversicherungsbank verkauft.

*Kardinal Michael Faulhaber*

# Roter Aufmarsch vor dem Erzbischöflichen Palais Kardinal-Faulhaber-Straße 7

Ein Palais, von einem Kaiser erbaut, von Kardinälen bewohnt: Karl Albrecht (1697–1745), seines Zeichens bayerischer Kurfürst und von 1742 an als Karl VII. römischer Kaiser, beauftragte 1733 François Cuvilliés (1695–1768), für seine illegitime Lieb- und Nachkommenschaft ein komfortables Stadthaus zu errichten. Wie schon sein Vater, Kurfürst Max Emanuel (1662–1726), schenkt und denkt auch der Sohn nicht nur an Klöster und Kirchen, sondern auch an Mätressen und uneheliche Kinder. Im 19. Jahrhundert geht das Palais an die Kirche und dient den Erzbischöfen von München und Freising als Amtssitz.

Das Haus in der Promenadestraße 7 (heute Kardinal-Faulhaber-Straße) kann erzählen von galanten Abenteuern, zahlreichen Festen und Feiern, aber auch von stürmischen Zeiten, die Kardinal Michael Faulhaber (1869–1952) in den Jahren 1918 und 1919 erlebt. Nach dem Sturz des Königs soll auch der Kirchenfürst daran glauben. In der Nacht singen die Radikalen vor seinem Palais zum Spott Marienlieder, am Tage rufen sie mit geballten Fäusten von der Straße drohend hinauf: »Da kommen wir auch noch eini.«

Schon ist eine Demonstration gegen Faulhaber geplant, ein ganz Radikaler fordert: »Auch der Erzbischof gehört an den Galgen. Vergessen Sie ihn nicht, wenn die Zeit reif ist.« Von anderer Seite hört man, daß Faulhaber von seinem Palais zum Dom geführt und dort am Glockenseil aufgehängt werden soll. Die Lage ist ernst. Viele raten dem Oberhirten, seinen Palast heimlich zu verlassen. Faulhaber weigert sich: »Ich werde im Haus bleiben, komme, was da wolle.«

Am 21. Februar 1919 hört der Erzbischof in seinen Räumen die Schüsse, die Ministerpräsident Kurt Eisner (1867–1919) niederstrecken. Faulhaber schreibt in seinen Erinnerungen: »Auf der

Straße herrschte sofort eine furchtbare Panik. Kurt Eisner war auf dem Wege zum Landtag vom Grafen Anton von Arco-Valley erschossen worden. Eine Gruppe machte vor dem Bischofshof halt und schrie, die Faust geballt, zu den Fenstern hinauf: ›Da stecken die Schwarzen dahinter.‹«

Am Tag darauf stürmen Soldatenräte das erzbischöfliche Palais und erzwingen für Eisner eine Trauerbeflaggung. Aus Augsburg kommt die Nachricht, daß man dort die geistlichen Gewänder aus dem Dom schaffte und auf der Straße durch den Staub zerrte. Schon ist geplant, die Innenwände des Münchner Liebfrauendomes rot anzustreichen und darin kommunistischeMassenveranstaltungen abzuhalten. Auf dem Marienplatz soll, so hört man, eine Guillotine aufgestellt werden. Vor dem Palais Faulhabers versammeln sich immer mehr Frauen, die die rote Fahne schwenken, Matrosen von der Nordsee, Russen in Pelzmänteln und Galizier. Ein Besucher hat den Eindruck, in einer östlichen Stadt zu sein.

Faulhaber muß täglich mit Haft und Hinrichtung rechnen. In der Nacht zum Palmsonntag erobern die Roten sein Palais, werfen im Schlafzimmer alles durcheinander und stehlen die Post. Man sucht offenbar nach Material für einen Hochverratsprozeß. In der Osternacht will man ihn zu einem Verhör vor das Revolutionstribunal holen, doch man gibt sich überraschenderweise mit seinem Sekretär zufrieden.

Am Weißen Sonntag schließlich verläßt Faulhaber – wie schon lange geplant – sein Stadtpalais, um sich auf Firmungsreisen nach Oberbayern zu begeben. Als er zurückkommt, ist die Räterepublik am Ende. Am 1. Mai 1919 wird die rote Fahne vom Turm der Frauenkirche geholt und durch die weiß-blaue ersetzt.

*Balkon des 1733–1737 von F. Cuvilliés d. Ä. erbauten Palais des Grafen von Holnstein, heute Erzbischöfliches Palais*

# Die Bildhauer Straub und Boos in der »Hundskugel« Hackenstraße 10

1741 kauft Johann Baptist Straub (1704–1784), ein bis dahin schon recht bekannter Bildhauer, vom Münchner Brauer Matthias Xaver Mayer den »aigentumlichen Stadl an der Haggen Gassen« (Hackenstraße 10) um 2500 Gulden, um ihn zu einem Künstlerhaus umbauen zu lassen. Wir wissen nicht sicher, wer der Baumeister ist, vermutlich aber sein Freund und Trauzeuge Johann Michael Fischer (1692–1766). Bis heute ist das Gebäude neben der Wirtschaft gleichen Namens als »Haus zur Hundskugel« bekannt, über dessen linker Tür ein Hauszeichen eingelassen ist, das uns das Motiv von sechs mit einer Kugel spielenden Hunden vorstellt.

Obwohl Straub in den Diensten des Hofes steht, ist der Lohn alles andere als fürstlich. Die Arbeiten in der Residenz, am Palais Holnstein, in Nymphenburg und in Schleißheim reichen gerade zur Deckung der Lebenshaltungskosten. Auch Kirchen und Klöster reden mehr vom himmlischen als irdischen Lohn. Das Haus Hackenstraße 10 bewohnt zwar ein nach dem Urteil der Zeitgenossen »berühmbder Künstler«, der in zahlreichen altbayerischen Barockkirchen arbeitet (zum Beispiel Schäftlarn, Ettal, Berg am Laim, Fürstenzell, Polling, Maria Eich), doch zu dem Wohlstand, wie ihn beispielsweise die Brüder Asam genießen, reicht es bei weitem nicht.

Seit sich Straub in der »Hundskugel« Wohnung und Werkstatt eingerichtet hat, arbeitet er fast nur noch im Münchner Raum. Von 1743 an pendelt er zwischen Hackenstraße und Berg am Laim hin und her, wo er die Seitenaltäre der dortigen Michaelskirche vollendet. Im selben Jahr wird ein junger Künstler bei ihm vorstellig. Es ist kein Geringerer als Ignaz Günther (1725 bis 1775), der in der »Hundskugel« seine Ausbildung erfährt.

1749 stirbt Straubs Frau, Therese Elisabeth (geborene Späth), eine Enkelin seines Lehrers Andreas Faistenberger (1647–1735). Noch im selben Jahr führt er Elisabeth Therese Schluttenhofer, die Tochter eines Hofgerichtsadvokaten, als Frau in sein Haus. Insgesamt hat der Meister 15 Kinder, darunter seine bildhübsche Tochter Maria Theresia Amalia (1751–1816), die 1763 Balthasar Augustin Albrecht (1687–1765) zusammen mit dem Vater in der Werkstatt porträtiert (heute Bayerische Staatsgemäldesammlungen).

Von 1751 an arbeitet Straub an den Figuren und Verzierungen im Cuvilliéstheater und in St. Peter; er wird später nach Nymphenburg geholt, wo er einen Teil der Gartenplastiken schafft, außerdem führt er 1770 den Hochaltar von St. Georg in Bogenhausen aus.

Etwa ein Jahrzehnt, nachdem Günther die Werkstatt in der »Hundskugel« verläßt, spricht der Allgäuer Roman Anton Boos (1730–1810) bei Straub vor. Es entwickelt sich sofort eine Freundschaft, die ein Leben lang währt. Boos, Künder und Künstler einer neuen Periode, verliebt sich in der »Hundskugel« in Maria Theresia Amalia, das hübsche Töchterlein des Meisters, mit der er 1777 vor den Traualtar tritt.

Wie viele seiner Kollegen erlebt auch Boos zunächst nichts als Enttäuschungen. Immer erst, wenn etwas schiefgeht, greift man auf ihn zurück. »Warum kombt man zu mir, was andere verdarben«, schimpft er 1770. »Wan andere die stein verstimbleten, hat man mich beruffen«, schreibt er ein anderes Mal, als Günthers Figuren für die Fassade der Theatinerkirche den Zeitstil nicht mehr getroffen hatten. Roman Anton Boos droht dem Hof sogar ernstlich, die »Hundskugel« zu verlassen und nach Wien zu gehen, wenn er nicht die notwendige Anerkennung finde. Zweimal sei er »in schne und Kelten« herumgelaufen, schon »schier zu Todt gefallen« und habe »2 Kleidter zu Fetzen zerrißen«, ohne den verdienten Lohn erhalten zu haben. »40 Jahre bin ich alt, bis 50 probiert man mich, hernach würdte es heißen, er ist zu alt«, schimpft Boos in Briefen an das Ministerium.

1784 übernimmt Boos das Straubsche Erbe. Die »Hundskugel« geht in seinen Besitz über. Bald entwickelt er sich zu einem ge-

*Balthasar A. Albrecht, Bildnis Johann B. Straub mit Tochter im Atelier vor einer Büste Kaiser Karls VII. Albrecht, 1763. München, Bayer. Staatsgemäldesammlungen*

*Rechts: Grabbüste des Roman Anton Boos im Südlichen Friedhof in München*

HIER RVHT SICHS WOHL, FRIEDFERTIC LEGT DER STOLZE SICH ZVM GEKRAENKTEN BETTLER HIN, VND SCHLAEFT.
DEM LASTER NVR, NICHT DER GEPRV̊FTEN TVGEND FOLGT HIER DES TODES FVRCHT.
DER KÖRPER RVHT, DES FROMMEN REIN'RE SEELE SCHWINGT SICH VERKLAERT ZVM GROSSEN SCHÖPFER AVF.
SO STERBLICHER DENK BEIM VORV̊BERGEHEN SELBST DEINEM TODE NACH.
VIVITVR INGENIO
FAMILIE BEGRAEBNIS
DES ROMAN ANTON BOOS
CHVRFV̊RSTLICHEN HOF STATVARS
VND
PROFESSORS DER BILDENDEN KVNSTE.
ER STARB IN EINEM ALTER
VON 79 IAHREN 353 TAGEN ANNO 1810.
VND DESSEN EHEGATTIN MARIA THERESIA
GEBOHRNE STRAVBINN
IHRES ALTERS 64 IAHR 311 TAGE AO 1816.

schäftstüchtigen Meister, der in seinem Haus für Kurfürsten und Kaufleute, die seine neue Kunstrichtung großteils akzeptieren, arbeitet. Die Barockschnörkel gibt nämlich Boos mehr und mehr auf. Nicht zu Unrecht gilt er heute als einer der großen Wegbereiter des Klassizismus. Seine Zeichenschule wird sogar zur Vorläuferin der Akademie der bildenden Künste. Zu den Münchner Kunstwerken von Boos gehören »Die Taten des Herakles«, das Epitaph des Grafen Daun in der Peterskirche, Gartenstatuen in Nymphenburg und die Fassadenfiguren an der Theatinerkirche.

*Das 1741 durch Umbau eines Stadels errichtete »Haus zur Hundskugel«*

*Links: Relief des »Hauszeichens«: sechs mit einer Kugel spielende Hunde*

# Heinrich Heines Enttäuschungen im Radspielerhaus Hackenstraße 7

Als Heinrich Heine (1797–1856) im Herbst des Jahres 1827 in das Radspielerhaus (heute Hackenstraße 7) einzieht, hat er nur ein Ziel: er will Professor für deutsche Literatur an der Münchner Universität werden. Deswegen hält er sich zunächst mit seiner Meinung zurück. König Ludwig I., der die von Heine herausgegebenen »Neuen allgemeinen politischen Annalen« aufmerksam liest, soll für diesen Plan gewonnen werden. Doch Krone und Kirche schöpfen schnell Verdacht. Heine ist ihnen zu antiklerikal.

Nach einem Stadtbummel schreibt der Dichter sofort nach seiner Ankunft seine Eindrücke über München in seinem »stillen Zimmer« nieder: »Wir sind ernst, aber nicht unmutig bei dem Anblick des barbarischen Domes, der sich noch immer in stiefelknechtlicher Gestalt über die ganze Stadt erhebt und die Schatten und Gespenster des Mittelalters in seinem Schoße verbirgt.« König Ludwig ist für ihn zunächst ein netter und adretter Mensch. Später, nach seiner Enttäuschung, spottet er in seiner bekannten sarkastischen Art:

»Er liebt die Kunst, und auch die schönsten Fraun,
Die läßt er porträtieren;
Er geht in diesem gemalten Serail
Als Kunsteunuch spazieren.

Sobald auch die Affen und Känguruhs
Zum Christentum sich bekehren,
Sie werden gewiß Sankt Ludewig
Als Schutzpatron verehren.«

Das Wetter macht Heine in München arg zu schaffen. »Das

*Heinrich Heine, Radierung von Ludwig E. Grimm, 1827*

RADSPIELER

Klima hier tötet mich«, erklärt er. Viele Tage liegt er krank in seinem Zimmer. Nur langsam gewöhnt er sich an die Witterung. Am 19. Januar 1828 berichtet er an Wolfgang Menzel: »Das Leben hier ist sehr angenehm, und wenn Sie eine gute Brust haben und sonst das Klima zu vertragen glauben, rate ich herzukommen.« Im April charakterisiert er München folgendermaßen: »Ein Meer von kleinen Seelen und schlechtes Klima.«

Gern fährt Heine mit dem Kutscher vom Radspielerhaus nach Bogenhausen zum Montgelasgarten, wo ihm das Bier »wirklich sehr gut« bekommt, zumal er glaubt, es verdünne sein Blut. Er berichtet unter anderem: »Ich saß dort vorigen Winter und betrachtete die schneebedeckten Berge, die, glänzend in der Sonnenbeleuchtung, aus eitel Silber gegossen zu sein schienen. Es war damals auch Winter in meiner Seele, Gedanken und Gefühle waren wie eingeschneit. Endlich kam der Tag, wo alles ganz anders wurde. Ich weiß nicht, aber ich glaube, auf der Terrasse zu Bogenhausen, im Angesicht der Tiroler Alpen geschah meinem Herzen solch neue Verzauberung. Wenn ich dort in Gedanken saß, war mir's oft, als sähe ich ein wunderschönes Jünglingsantlitz über jene Berge hervorlauschen, und ich wünschte mir Flügel, um hinzueilen nach seinem Residenzland Italien.«

Wehmütig kehrt Heine ins Radspielerhaus zurück. Dann fällt die Entscheidung. Am 7. Juli 1828 bricht Heine nach Italien auf. Hatte er im Februar noch geglaubt, er werde hier in München »fast deutsch« (Heine: »Ich glaube, das tut das Bier«), wird es ihm in der Stadt jetzt plötzlich zu eng. In München herrscht für ihn »Kleingeisterei von der großartigsten Art«. Die Hoffnungen auf eine Professur hat er längst aufgegeben. Resignierend eilt er Abend für Abend in seine Münchner Behausung. Nicht einmal die »liebenswürdigsten Aristokratinnen« und die »wunderschönen Weiberverhältnisse« können ihn zum Bleiben bewegen. Witterung und Wittelsbacher gehen ihm zu sehr auf die Nerven. Es scheint, das Bier (Heine: »Es schmeckt ganz vortrefflich«) ist das einzig Positive, das ihn noch öfter an München und sein Quartier im Radspielerhaus denken läßt.

*Bildnis Egid Quirin Asam, St. Johann Nepomuk*

# Asam-Haus und -Kirche in der Sendlinger Straße 62

München, das ist nach vielen und langen Reisen zwischen der Schweiz und Schlesien das Ziel der Gebrüder Asam. Cosmas Damian (1686–1739) baut sich in Thalkirchen ein Palais, das sogenannte Asam-Schlößl, Egid Quirin (1692–1750) will sich in der Sendlinger Straße niederlassen, wo er schon 1729 drei kleine Gebäude erwirbt. 1733 kauft er dann noch einem Fähnrich für 8000 Gulden das südlich angrenzende Haus ab, das er zu seiner Künstlerresidenz bestimmt. An diesem Gebäude läßt er zwar die mittelalterliche Bausubstanz, verziert aber die Fassade sehr aufwendig im Stil seiner Epoche.
Und diese feine Außenstukkatur erweckt zu allen Zeiten Bewunderung. »Hinter dem munteren Spiel, in dem kindliche Wesen, liebenswerte, reizvolle Geschöpfe zahlreich auftreten, verbirgt sich ein tieferer Sinn, der im allegorischen Gewand und in religiösen Sinnbildern so etwas wie ein Stück Selbstbiographie Egids enthält«, schreibt die Asamspezialistin Erika Hanfstaengl. Man sieht Gestalten, die die Künste, denen sich die Asams ja verschrieben haben, darstellen, dann ein Herz Jesu und Heiligenfiguren, die an die Ewigkeit erinnern. Die Türflügel, die Egid Quirin um 1735 selbst schnitzt, enthalten allegorische Figuren des Alten und Neuen Testaments. Sie befinden sich heute im Bayerischen Nationalmuseum, München.
In diesem Gebäude pflegt Asam auch einen entsprechenden Lebensstil. Es erlebt einen stolzen Künstler als Hausherrn, der den Münchner Bürgern zeigt, daß er mit den Fürsten dieser Erde ständig in Kontakt stand und noch steht und überall ein großes Ansehen genießt. Hier empfängt er auch viele seiner Geschäftspartner, studiert mit ihnen Skizzen und verhandelt über Gelder und Gehälter.
Gleich nebenan baut er dann sein »liabs Kircherl«, die St.-Nepomuk-Kirche, oder wie man sie im Volksmund nennt, die Asam-

Kirche. Nach langen Verhandlungen geben Kardinal und Kurfürst schließlich die Zustimmung. Es ist ja noch nie dagewesen, daß sich ein Handwerker ein eigenes großes Gotteshaus baut. Der Grundstein für diese Kirche wird 1733, im selben Jahr also, in dem Asam das Wohnhaus erwirbt, »mit großer Pracht und Feierlichkeit« gelegt.

Von diesem Jahr an stehen Künstlerpalais und Kirche im Mittelpunkt des Interesses von Egid Quirin Asam. Cosmas Damian läßt oft in Thalkirchen anspannen, um in die Stadt zu fahren, wo er seinem Bruder fleißig zur Seite steht. Auch andere Aufträge werden hintangestellt. So schreibt Egid Quirin am 9. Mai 1738 an die Oberin des Straubinger Ursulinenklosters, von der er und sein Bruder einen Auftrag haben, daß sie mit weiteren Vorschlägen noch warten müsse, da er in der Sendlinger Straße sehr stark in Anspruch genommen sei.

Schon während des Baus kommt Egid Quirin, der nicht verheiratet ist, auf den Gedanken, sich einmal in seiner Kirche bestatten zu lassen. Am 8. November 1745 verfaßt er dann ein entsprechendes Testament, da er sich »bey sehr ausgearbeiteten Cräften« befinde. Doch sein Wunsch wird nicht erfüllt. Er stirbt am 29. April 1750 in Mannheim, wo er auch beigesetzt wird.

Das Bauensemble in der Sendlinger Straße gehört noch heute zu den schönsten des bayerischen Barock. Als der aufgeklärte und spöttische Schriftsteller Wilhelm Ludwig Wekhrlin (1739 bis 1792) nach München kommt, rühmt er ausdrücklich den herrlichen Bau. »Mitten unter einer Menge gothischer Denkmäler der Baukunst und Malerey in Bayern siehet man den Pinsel eines Assan herfür strahlen«, schreibt er in seinem Bericht. Die Kirche erwecke sogar »wegen der Geschichte und dem Wunderwerk ihres Baues Aufmerksamkeit«.

Künstlerhaus, Kirche und das nach Norden hin anschließende Priesterhaus wurden in den Jahren 1975 bis 1977 gründlich renoviert. Um das neugeschaffene Chorfenster in der Kirche entstand eine lebhafte Diskussion. Experten meinen nämlich, es sei stilwidrig. Es soll jetzt wieder zugemauert werden.

# Ignaz Günthers Wohnhaus am Jakobsplatz 15

Im selben Jahr, in dem ihm seine Tochter Maria Anna geboren wird, kauft der Bildhauer Ignaz Günther (1725–1775) das mittelalterliche Bürgerhaus am Jakobsplatz 15, das heute einfach »Ignaz-Günther-Haus« genannt wird. Das ist 1761, also mitten im Siebenjährigen Krieg.

Der Meister, der 1725 in Altmannstein bei Riedenburg geboren ist, seine Ausbildung bei Johann Baptist Straub in der »Hundskugel« erfährt, dann auf Wanderschaft geht und sich schließlich für immer in München niederläßt, wird heute allgemein als der größte deutsche Rokokobildhauer angesehen. 1761 freilich, als er für knapp 4000 Gulden das Haus südlich vom Rindermarkt erwirbt, ist er noch weitgehend ein Unbekannter, auch wenn er bereits den Titel »hofbefreyter Bildhauer« trägt. Vier Jahre nach dem Kauf des Hauses, das heute in München eines der wenigen aus dem Mittelalter ist, kommt er in so große Nöte, daß er auf sein Eigentum eine Hypothek von tausend Gulden aufnehmen muß. Diese Summe erhält er vom Prälaten der Wallfahrtskirche Maria Ramersdorf, für den er Jahre vorher tätig ist.

Zur Zeit des Kaufes vollbringt Günther seine wohl größte Leistung – die Innenausstattung der Kirche von Rott am Inn. Die Plastiken darin gehören zum Besten, das das deutsche Rokoko hervorbringt. Kurze Zeit später ist er in Weyarn tätig, dann in seiner Heimatgemeinde Altmannstein und anschließend in Frauendorf bei Mühldorf.

Günther bekommt also viele Aufträge von außerhalb, wenngleich man annehmen darf, daß er hier am Jakobsplatz zahlreiche seiner Plastiken entwirft und anfertigt. Leider ist über seine Lebensweise und seinen Haushalt nichts überliefert.

*Martin Knoller, Bildnis Ignaz Günther, 1774.*
*München, Bayerisches Nationalmuseum*

*In dem bescheidenen Eckhaus (links) am Jakobsplatz hat der Bildhauer Ignaz Günther seine Wohnung und Werkstatt. Die Vorderseite schmückt eine Madonnenbüste, deren Original sich heute im Bayerischen Nationalmuseum befindet (Bild rechts).*

Nur eines ist auffallend. Mit steigendem Ansehen zieht es ihn immer weniger in die Fremde, das heißt, er nimmt mit Vorliebe Aufträge in der näheren und nächsten Umgebung an. So verfertigt er 1763 die Türen zum Schleißheimer Schloß. Im selben Jahr ist er zwar noch im Seinsheimschen Schloß in

Sünching bei Regensburg tätig, wo er den Altar zusammenstellt, dann aber folgen Arbeiten in Thalkirchen bei München, in Starnberg, in Freising und in München selbst (St. Peter). 1771 liefert Günther verschiedene Modelle für die Porzellanmanufaktur und den Park in Nymphenburg ab. Im Jahr darauf verfertigt er die fünf Portale für die Münchner Frauenkirche mit den Medaillons der Heiligen Benno, Sixtus, Maria, Arsacius und Donatus. 1773 und 1774 arbeitet er an den Hochreliefs für das Chorgestühl der Münchner Frauenkirche und an dem Merkur- und Venusmodell für den Nymphenburger Park. 1774 schließlich vollendet er den Schutzengel für die Bürgersaalkirche in München und die Kanzel und Seitenaltäre in St. Georg in Bogenhausen.

Das sind nur die wichtigsten Arbeiten, die Günther in seiner Münchner Zeit vollendet. Und trotz dieser großartigen Leistungen ist er nie recht glücklich. Kurfürst und Adel schätzen und bezahlen die heimische Kunst nicht so, wie er es sich wünscht. Man holt seiner Meinung nach vergleichsweise viele Künstler aus der Fremde. »Denn ist auch ein Bayerisches Landeskind zu verschiedenen tichtig und dörfte denen auslendern an die Seite komen«, schreibt Günther einmal ganz erbost. Aber auch innerhalb der bayerischen Künstlerschar gibt es arge Rivalitäten. Der Bildhauer Roman Anton Boos, der mit Günther bei Straub lernt, schreibt beispielsweise am 10. November 1770 aus Sterzing in Südtirol an einen bayerischen Minister ganz lapidar: »Der ginter (gemeint ist Günther) ist brott und Kunst neidtig.«

Mit 36 Jahren zieht Ignaz Günther in sein Haus am Jakobsplatz, mit knapp 50 muß er es wieder verlassen. Der Meister stirbt hier am 26. Juni 1775 und wird auf dem südlichen Friedhof in einem Massengrab beerdigt. Sein Haus hat die Bombennächte des Zweiten Weltkrieges überlebt, wäre aber beinahe der Stadtplanung der sechziger Jahre zum Opfer gefallen. Heute ist das Gebäude mit einer Kopie der berühmten Hausmadonna (das Original ist im Bayerischen Nationalmuseum, München) ein Schmuckstück der Stadt.

# Die Dichterstube Ibsens in der Maximilianstraße 32

Von 1885 bis 1891 wirkt Henrik Ibsen (1828–1906), der größte norwegische Dramatiker, in der Maximilianstraße 32 in München. Er bewohnt dort, wie der Münchner Schriftsteller Michael Georg Conrad (1846–1927) schreibt, »hohe, helle, vornehme Gemächer«, in denen er unter anderem »Die Frau vom Meer« und »Hedda Gabler« verfaßt. »Hier läßt man jeden leben, wie er will«, erklärt Ibsen und dementiert lange das Gerücht, er wolle wieder in die norwegische Heimat zurückkehren.

Der Dichter aus dem Norden gehört bald ebenso zur Maximilianstraße wie die Prachtbauten und Denkmäler. Punkt 14.15 Uhr verläßt er fast täglich seine Behausung – »immer in schwarzer Kleidung, den Zylinder auf dem starken, grauweißen Haar, eine Hand auf dem Rücken, die andere auf dem Schirm gestützt« (Helene Raff). Würdigen Schrittes wandelt er dann zu seinem Stammcafé »Maximilian«, um dort Journale zu lesen und sich zu stärken.

Eines Tages macht man sich einen Ulk mit ihm. Ein Herr, der

in Statur und Aussehen Ibsen ähnlich ist, imitiert ihn und schreitet ihm ebenso würdevoll entgegen. Die Fußgänger sind gespannt, ob Ibsen den Vorgang als Spaß oder Spott aufnimmt. Beide Herren kommen sich immer näher, nur Ibsen merkt nichts. Plötzlich fällt ihm das sonderbare Verhalten der Passanten auf. Er sieht geradeaus und entdeckt seine Imitation, die er ohne Zögern sogleich höflich grüßt. Dazu lächelt er, was nur wenige für möglich halten.

Mit einem »Grüß Gott, Herr Ibsen!« wird der Dichter jedesmal im Café empfangen. Sonst gibt es keinen Wortwechsel. Er will seine Ruhe haben und Zeitung lesen.

In seinem Arbeitszimmer ist er bienenfleißig. Gesellschaftlich tritt er kaum in Erscheinung. Aber oft kreisen seine Gedanken um zwei Damen, die ihn entzücken: die 18jährige Emilie Bardach aus Wien, die er als »meine liebe Prinzessin« bezeichnet, und die 24jährige Malerin Helene Raff, sein »liebes Kind« und zugleich die »letzte Liebe«. Melancholisch schreibt er am 19. November 1889 an Emilie, die er in seiner Phantasie »immer mit Perlen geschmückt« sieht: »Sitze fast den ganzen Tag an meinem Schreibtisch. Gehe nur Abends ein Bischen aus. Träume und erinnere und dichte weiter. Dichten ist schön; aber die Wirklichkeit kann doch dann und wann noch viel schöner sein.«

Verliebt ist der Dichter aber nicht nur in Mädchen, sondern auch in München. Für ihn gibt es nur zwei Städte »in denen man leben kann: Rom und München«. Die Isarstadt ist ihm wie »eine schöne zweite Heimat«. Schon 1875 schreibt er: »Für uns Nordländer ist die Luft hier, glaube ich, außerordentlich gesund und stärkend.«

Und als er nach seinem Weggang aus der Stadt (1891) von Skandinavien aus an die geliebte Helene Raff schreibt, »wie gerne wäre ich wieder da unten, denn dort bin ich doch so innerlich daheim«, zieht es ihn nicht nur zu den schönen Frauen, sondern auch zu den Frauentürmen.

Heute sind in dem Gebäude Maximilianstraße 32 (genannt »Hemmeter-Haus«) unter anderem ein Photo- und Optikergeschäft und eine Antiquitätensammlung untergebracht.

*Carl Frithjof Smith, Bildnis Henrik Ibsen, 1890*

# Georg Britting und Josef M. Wehner am St.-Anna-Platz 10

»Eine sehr nette Kameradschaft« pflegen im Haus St.-Anna-Platz 10 die beiden Dichter Georg Britting (1891–1964) und Josef Magnus Wehner (1891–1973) nach Auskunft Wehners Gattin Brigitta. Beide Familien schließen Freundschaft und gehen jeden Sonntagabend ins Wirtshaus zum Abendessen. »Britting konnte dabei nie heimgehen«, erzählte Brigitta Wehner, »so daß es immer zwei Uhr nachts wurde.«

Zu Beginn der fünfziger Jahre bezieht Britting, »dieses gestandene bayerische barocke Mannsbild mit dem Lyrikerherzen einer Windharfe«, wie ihn sein Freund, der Schauspieler Rudolf Fernau, in seinen Memoiren (»Als Lied begann's«) charakterisiert, das Gebäude am Annaplatz, das das Künstlerhaus der Stadt ist. Britting, ein geborener Regensburger, ist ein liebenswürdiger Herr, der eine Schauspielerin heiratet und regen Anteil am politischen und literarischen Leben nimmt.

Persönlich ist er eher anspruchslos. »Wer bis in sein Arbeitszimmer gelangt«, so schreibt 1961 der Regensburger Journalist Max Maria Rheude, »ist erstaunt über die Einfachheit und Pedanterie, mit der sein Pensum völlig geregelt und übersichtlich wird.« Berthold Spangenberg, der Verleger Brittings, erzählt ähnliches: »Sein Arbeitsraum ist von allergrößter Bescheidenheit genau wie er auch.« Er arbeitet an einem einfachen Schreibtisch, der Stuhl ist »ganz gewöhnlich«, das Zimmer »fast ganz schmucklos«. Diese Atmosphäre entspricht exakt »seinem kargen Stil«. Wenn ihn Spangenberg besucht, macht Frau Britting immer Tee oder Kaffee, kredenzt oft Wein, bevor das »Verleger-Autoren-Gespräch« in der »mönchisch anmutenden Räumlichkeit« beginnt. Britting ist für Spangenberg ein geselliger Mensch, der gern zu seinen Stammtischen geht, dann aber wieder zurückgezogen in seiner Wohnung arbeitet. Er ist bis zu seinem Tod seiner Heimatstadt Regensburg verbunden und bezeichnet sich selbst ein-

mal gegenüber dem Regierungspräsidenten der Oberpfalz, Ernst Emmerig, als »Sänger Regensburgs«. Doch an München hängt sein ganzes Herz. »Er ist ein Mensch, der die Münchner Atmosphäre braucht«, urteilt Spangenberg. Man merkt ihm an, daß er die Idylle am St.-Anna-Platz liebt, die Beschaulichkeit des Lehels, das schon im ersten Jahrzehnt dieses Jahrhunderts Ina Seidel (1885–1974) so schätzt. »Farbig glänzt der Platz«, schreibt er in einem seiner Gedichte.
1964 stirbt Britting, 73jährig. »Dieser urige, weltungewandte, breite Altbayer«, so würdigt ihn die »Zeit«, war keiner literarischen Richtung, keiner Clique, keiner noch so dehnbaren Tendenz verpflichtet und wohl das unakademischste Mitglied zweier

*Josef Magnus Wehner*

*Georg Britting*

Akademien. Seine künstlerische Unabhängigkeit ging so weit, daß er es sogar verschmähte, durchaus gangbare Wege zur Popularität zu beschreiten.«

Zwei Stockwerke unter den Brittings wohnt Josef Magnus Wehner mit seiner Frau. Der Schriftsteller wird 1971 – an seinem 80. Geburtstag – groß gefeiert. »Meine Frau und ich«, so schreibt Wehner, »haben unser 80. Lebensjahr erreicht und überschreiten es mit Humor.« Er fährt fort: »Wir zwei vom St.-Anna-Platz fürchten uns nicht mehr.« Brigitta »kocht noch täglich und versorgt den Haushalt, und ich helfe ihr wie anderen Mitmenschen.« 1955 war Wehner mit seiner Frau in das Künstlerhaus gezogen. Manche seiner Geschichten siedelt er im Lehel an. Mit Stolz kann er vermerken, daß er ein Jahr älter ist als die benachbarte St.-Anna-Kirche, die Gabriel von Seidl (1848–1913) erbaute und die nach Meinung Wehners viele Fremde auf tausend Jahre schätzen. Wehner erzählt, wie Turmfalken und Krähen »um den Besitz der beiden Türme« kämpfen und wie schließlich die Falken siegen und die Krähen in den Englischen Garten zurücktreiben.

Der Tod, so meint Wehner an seinem 80. Geburtstag, habe für ihn »jeden Schrecken verloren«, denn er sei nur »die Pforte, der Eingang in ein anderes Dasein«. Zwei Jahre später ist er nicht mehr unter den Lebenden.

# Vorstadt

*Georg Joseph von Hauberrisser*

# Hauberrissers »stolze Burg« in der Schwanthalerstraße 106 neben der Theresienwiese

»Ein gar seltsames Gebäu« nennt Grete Jehly, die spätere Gattin des berühmten Karikaturisten Olaf Gulbransson, das Hauberrisser-Haus in der Schwanthalerstraße, in dem sie ihre Kindheit verbringt. In ihren Memoiren (»Geliebte Schatten«) schildert sie das Leben und Treiben dieser »kleinen, stolzen Burg«, die Georg von Hauberrisser (1841–1922), dem Schöpfer des Münchner Rathauses und der St.-Pauls-Kirche, gehört. Hauberrisser, so berichtet sie, wandelt hier »mit gelocktem Bart und Haar, auf

dem das viergeflügelte Künstlerbarett aus schwarzer Taftseide sitzt, angetan mit einem Samttalar in seinen Renaissanceräumlichkeiten umher wie ein stolzbewußter Künstler großer Zeiten«. Seine rote Burg, die mit einem tiefen Graben umgeben ist, läßt sich nach den Worten Gretes »auch bei Tageslicht und ohne wallende Silbernebel nicht zu Unrecht mit einem kleinen Renaissanceschlößchen vergleichen«. Hier residiert und arbeitet Hauberrisser. Wer zu ihm will, muß über eine große Zugbrücke, die Abend für Abend aufgezogen wird.
Der Meister zählt zu den bekanntesten Künstlern der königlichen Haupt- und Residenzstadt. Allerdings halten die Münchner mit ihrer Kritik nicht zurück. Der Rathausbau ist umstritten. In Leserbriefen wird sein Werk am Marienplatz, das flandrische Rathäuser imitiert, als »sehr gekonnte Zeichenlehrergotik« kritisiert, das mit seiner gewaltigen Baumasse den Marienplatz schier erdrücke. Auch Ludwig Thoma schimpft: »Ich habe in meiner Jugend noch so viel von der lieben, alten Zeit gesehen, daß ich mich ärgern darf über die Gotik des Rathauses und die Niedlichkeit des Glockenspiels und über so vieles andere, was unserem München seine Eigenart genommen hat, um es als Schablonengroßstadt herzurichten.«
Grete Gulbransson allerdings findet kein Wort der Kritik an Hauberrisser. Ganz im Gegenteil, sie lobt ihn, da er ihrem Vater, dem Maler Jakob Jehly, »mit Freuden sein bestes Atelier« im Haus zur Verfügung stellt, eine »ansehnliche Meisterwerkstatt«, in der er »Butzenscheiben, alten Brokat, geschnitzte Truhen und weiß Gott was sonst noch« vorfindet. Die Wohnung, die »mit Genuß und Freude eingerichtet wird«, ist ebenfalls vortrefflich, und Frau Vanda Jehly gewinnt bald »ihren stolzen Erkersitz« und die »weißblaue Küche« lieb. Das Haus selbst erlaubt einen großartigen Ausblick, »der einer Burg keine Schande bereitet haben würde«. Über die »große Theresienwiese« hinweg hat man an klaren Tagen einen herrlichen Ausblick auf die »winzig-gewaltige Zackenreihe des Gebirges« und nach der anderen Seite hin auf die »liebe Stadt München«, die einem »gleichsam zu Füßen liegt«.

Das Hauberrisser-Haus beleben zu dieser Zeit zwei junge Dienstmädchen, das »schwarze Mariele« und die »rote Babili«. Diese »beiden Vorarlberger Singvögel« toben in den Räumen herum, sind immer lustig und gut aufgelegt und zerstreuen die Mutter Gretes, Frau Vanda Jehly. Besonders das Babili liefert einen Streich nach dem anderen, so daß die beiden Künstler oft aus dem Lachen nicht mehr herauskommen.
Einmal erscheint sie, »die Händ' in die Schürze gewickelt«, und meint: »Draußen vor der Tür ständ' ein alter Polizei.« Sie wisse nicht, ob man ihn hereinlassen dürfe. Er wolle aber »mit d's Teufels G'walt ins Atelier«. Man schaut hinunter – und wer steht da: der Prinzregent. Luitpold lächelt und erklärt, »daß er sich ja gratulieren dürfe, durch diese Schildwache eingedrungen zu sein«. Das Babili stellt aber trocken fest: »Mein Gott, mein Gott – und dahscht denn eppa fascht an Könnig gsi.«
Im Zweiten Weltkrieg wird das Hauberrisser-Haus erheblich beschädigt.

# Emanuel von Seidls »italienisch-deutsches Märchenschloß« am Bavariaring 10

Den Dachboden seines Münchner Hauses am Bavariaring 10 gestaltet Emanuel von Seidl (1856–1919), Süddeutschlands bekanntester Villen-, Wohnhaus- und Geschäftshausarchitekt, »zu einem ungemein prachtvollen, repräsentativen Künstlerheim«, erzählt uns sein Freund Dr. Felix Schlagintweit (1868–1950), ein Münchner Arzt und Schürzenjäger, in seinen Erinnerungen (»Ein verliebtes Leben«). In diesem Haus, so berichtet Georg Fuchs (1868 bis 1949), der Leiter des Künstlerhauses, weiter, erhalten die Gäste »die köstlichsten Leckerbissen und die edelsten Schaumweine«. Ein Gebäude, das der Mittelpunkt vieler sorg- und zügelloser Münchner ist, in dem Prahler und Prasser, Komtessen und Künstler, Architekten und Adelige ein- und ausgehen.
Im obersten Stockwerk gibt es »zwischen den schiefen, ausgezeichnet kaschierten Dachwinkeln etwa fünf mit den schönsten Teppichen und Vorhängen abgeteilte Räume, mit Marmorfußböden, Kaminen, Muschelkalktürstöcken wie in einer Kirche, mit Statuen, großen Vasen, herrlichen Bildern, Lüstern, Springbrunnen«. Das ist alles so wunderbar arrangiert, daß Schlagintweit zu der Definition kommt: »Ein italienisch-deutsches Märchenschloß.«
Emanuel von Seidl, von seinen Freunden »Emi« genannt, und sein Bruder Gabriel von Seidl (1848–1913), »Gabi« genannt, treffen im Haus am Bavariaring oft zusammen. Da gehen die Diskussionen um Kunst und Aufträge, Schnitte und Entwürfe. Wenn »Gabi«, der unter anderem die Kirchen St. Anna und St. Rupert, die Lenbach- und Kaulbachvillen, das Stachusrondell, das Künstlerhaus, das Nationalmuseum und das Deutsche Museum (zusammen mit Bruder Emanuel) erbaut, wieder geht, ist Emanuel mit seinem Diener Georg wieder ganz allein.
Seine Freundin Christiane, die an stillen Tagen hier einkehrt,

kennt niemand. Sie ist sein großes Geheimnis. »Wir sahen sie nie, wir wußten nur, daß es eine gab«, schreibt Schlagintweit. Bevor er sie heiratet, fragt »Emi« bei seinen Freunden an, ob man mit der Ehe einverstanden sei. Nur eine Familie mit zwei Töchtern ist dagegen und meidet von jetzt an das Haus.
Emanuel von Seidl, dem als echtem Bayern »Schießen, Musi und Gaudi« so richtig im Blut liegen, zu dessen Gästen unter anderem zwei Königinnen zählen, feiert mit seinen Freunden auch in seinen letzten, von Krankheit gezeichneten Jahren. Während die Gäste nach wie vor das Beste vom Besten vorgesetzt bekommen, begnügt er sich selbst mit Zwieback, Milch und Suppe. Er stirbt 1919, sechs Jahre nach seinem Bruder, im Alter von 63 Jahren.
Sein Haus am Bavariaring beherbergt heute unter anderem das Wetteramt.

*Franz von Lenbach, Bildnis Emanuel von Seidl*

*Franz von Lenbach mit Tochter Marion*

# Lenbachs Malerfürsten-Residenz in der Luisenstraße 33 beim Königsplatz

München hat am Ende des 19. Jahrhunderts zwei Herrscher: Luitpold und Lenbach. Der eine hält als Prinzregent Hof in der Königsresidenz, der andere in seiner Villa hinter dem Königsplatz. Beide kennen sich, empfinden sich nicht als Rivalen, aber doch als Regenten.

Franz von Lenbach (1836–1904), der als Bub »unzählige Male« barfuß, wie er selbst erzählt, von Schrobenhausen nach München läuft, um seine »Lieblinge in der Alten Pinakothek« zu sehen, gehört zu den großen Malern seiner Zeit. Seine pompöse und luxuriöse Villa und die Residenz sind die zwei Brennpunkte der königlichen Hauptstadt. Nach einem Essay von Joseph Ruederer (1861–1915) gibt er darin »Feste in einem Meer von Farben und Lichtern«. Hier ist er umgeben »von einem Kranze blendender, schöner Frauen, von jenen Modellen, die die ganze Welt kannte, die er protegierte wie ein Fürst, die er kleidete, frisierte, die er wie durch besonderes Dekret zur großen Lenbachschen Schönheit beförderte«.

Lenbach porträtiert fast alle Großen seiner Zeit, unter ihnen Bismarck, Papst Leo XII., Moltke, Reichskanzler Hohenlohe. Geld und Geltung der Herrschaften spielen natürlich bei der Annahme eines Auftrages eine Rolle, doch bisweilen lehnt er das Porträtieren sehr reicher Bürger, die ihm Tausende bieten, ab, nur weil er an ihren Köpfen keinen Gefallen findet. »Ihm zu einem Bilde zu sitzen«, so berichtet der Schriftsteller Richard Voß (1851–1918), sei »ein Erlebnis«. Während er male, spreche er dauernd »von seinen Göttern Tizian und Rubens und immer wieder von Tizian und Rubens« – und zwar immer »in seiner heimatlichen Mundart«.

Zusammen mit einer Inderin ist Louise von Kobell (1828–1901) einmal Gast des Meisters. Sie schreibt 1897 in ihren »Münchner

Portraits«: »Ein prachtvoller Ausblick bot sich von dieser Veranda dar. Oben ein weites Stück Himmel, in der Ferne von Gewitterwolken umzogen, und hier und da von Blitzen durchzuckt, unter grünen Baumwipfeln, schmale, sauber gehaltene Wege, und ein mächtiger Springbrunnen, dessen sich aufbäumende Bronzerosse an das Schaffen einer klassischen Kunstepoche gemahnen. Seitwärts ragt der nördliche Teil der Propyläen mit seinen schmucken Marmorreliefs herüber.« Voß bezeichnet die Lenbach-Villa in seinen Memoiren (»Aus meinem phantastischen Leben«) als einen »phantastisch schönen Bau, der den Gast bei dem ersten Schritt in eine andere und heitere Welt versetzt«.

Wie ist Lenbach zu dieser Villa gekommen? Der Meister erzählt es ein paar Jahre nach dem Einzug: »Vor acht Jahren waren Bauplätze noch billig in München. Ich erfuhr, daß der Platz, wo heute mein Haus steht, zu haben sei. Der Preis war 220000 Mark, ich hatte aber nur 20000. Ich bezahlte nun 10000 Mark an diesem Preis an, da blieben mir noch immer 10000. Mit diesen begann ich nun zu bauen. Mein Seidl (gemeint ist Gabriel von Seidl) ging sofort ans Werk. Den Preis des Grundstücks trug ich von Woche zu Woche ab.«

1890 ist Bismarck in der Lenbach-Villa zu Besuch. Kanzler und Künstler sind seit Jahren befreundet. Bei jedem Wiedersehen gibt es Umarmungen. Dann wird erzählt von Kriegen und Krisen, Kaisern und Königen. Als der Gast in München eintrifft, ist die ganze Stadt auf den Beinen. Jeder will ihn sehen. Es gibt ein Gedränge wie nie zuvor. Wiederholt zeigt sich Bismarck am Balkon der Lenbach-Villa, einmal sogar mit einem Bierkrug, den er zum Applaus der Münchner mit einem Zug leert.

Unter den Malern der Stadt mögen Lenbach viele, wie zum Beispiel Corinth, nicht. Auch Lenbach hat einiges an seinen Kollegen auszusetzen. »Auf den Akademien früherer Zeit lernte man Bilder malen, auf den heutigen lernt man Modelle malen«, kritisiert Lenbach wiederholt im Kreise seiner Gäste. Heute werde alles gleich entblättert und entblößt, früher habe man wenigstens »den Reiz des halb Verborgenen« erkannt und geschätzt. Dann vergleicht der Meister die aller Schleier und Schals baren Modelle mit Steinen. Er meint: »Kieselsteine auf trockenem Boden sind nicht malerisch wie Kieselsteine unter einem durchsichtigen Wasser, das ihnen einen feuchten Glanz verleiht.« Der Zauber des Geheimnisvollen dürfe nie zerrissen werden. Als er erfährt, daß im Künstlerhaus ein Bettuch mit dem Abdruck eines nackten, in Farbe getauchten Mädchens ausgestellt wird, hält er seine Malerkollegen für »geisteskrank«. Er ist mit seiner Kritik am Nachwuchs so rigoros, daß dieser kaum in seine Villa findet.

Im Lenbach-Haus ist heute die Städtische Galerie untergebracht. Unter anderem sind Bilder von Lenbach selbst, von Spitzweg, Leibl, Corinth, Kandinsky, Gabriele Münter, Marc, Klee und Macke ausgestellt.

# Oskar Maria Grafs ausschweifende Atelierfeste in der Barer Straße 37

Über die Atelierfeste, die im Hinterhaus des Anwesens Barer Straße 37 nach dem Ersten Weltkrieg stattfinden, spricht man in Berlin, Hamburg, Köln und Frankfurt. Organisator ist Oskar Maria Graf (1894–1967), ein damals noch unbekannter Schriftsteller und Luftikus. Er packt die Mädchen »am Busen«, küßt sie »lachend« ab und ruft ihnen öfter zu: »Erotik, mehr Erotik, bitte! Hier herrscht Sexualdemokratie, bitte! Auf und los, Höchstentfaltung der Geilheit und Sexualität, bitte!«

Reiche Kaufleute und Direktoren aus dem Ruhrgebiet finanzieren diese Feste. Graf lädt dazu die hübschesten Schwabinger Mädchen ein. Er schreibt: »Wie immer in solchen Zeiten der Auflösung moralischer Hemmungen neigten insbesondere Mädchen aus wohlbehüteten Bürgerfamilien dazu, sich mit dem ganzen Elan neugierig-unverbrauchter Jugend hemmungslos ins Orgiastische zu stürzen, da ja niemand wußte, wie der morgige Tag aussah. Ihre sexuelle Aufgelockertheit und Bereitschaft zu jedem erotischen Spiel wirkte auf die amüsierten Herren derart verlockend, daß sie mit mir vereinbarten, jedesmal vor einer Geschäftsreise nach München telegraphisch genügend Geld zu schicken, um solche Atelierfeste zu wiederholen. Sie hielten sich auch daran, und die eingehenden Summen bewiesen, daß sie Kursstürze mit einkalkulierten.«

Und Graf versteht es, nicht nur Manager und Mädchen anzuziehen, zu ihm kommen auch Männer des Geistes wie Karl Wolfskehl (1869–1948) und Oswald Spengler (1880–1936) und viele berühmte und beliebte Schauspieler der Stadt. Wenn das Grammophon aussetzt, singt ein Freund zur Gitarre »Lieder aller Länder und Rassen«. Es wird getanzt und geküßt. »Verknäuelte Paare« liegen herum und finden das, was ihnen die Feste so wertvoll macht: »ein schnelles, nettes Aufhupferl«.

Feste und Gäste vermehren sich stetig. »Ich hatte mit den jedesmaligen Vorbereitungen alle Hände voll zu tun, wobei mir die Schwabinger Mädchen bereitwillig halfen; denn wenn die Vorräte gekauft waren, hielten wir stets erst ein kleines Vorfest für uns und sprachen dem Alkohol und den teuren Delikatessen reichlich zu. Ich kam aus dem Halbrausch und dem vernebelten Taumel kaum mehr heraus und tobte wie ein ungeschlachter brüllender Bär.«

Oskar Maria Graf, der in jenen Jahren Hitler schwer beleidigt, lebt von dem Geld, das man ihm schickt, völlig »sorgenfrei«. Während die Münchner durch die halbe Stadt rennen, wenn es heißt, hier oder dort gibt es Zucker oder Reis, kann man sich bei

ihm »voll und toll essen und trinken«. Hier wird immer »das Beste vom Besten« serviert und kredenzt. Niemand braucht zu sparen.

Durchs Oberlicht des Atelierfensters dringen gewöhnlich die ersten Sonnenstrahlen, wenn die letzten Gäste die Sex- und Saufparty verlassen. »Ich kochte mir«, so schreibt Graf, »Kaffee und fraß irgendwelche Kuchen und Wurstreste in mich hinein.« Dann fängt er »komischerweise stets an, pedantisch aufzuräumen und abzuspülen«. Die Gäste aber sagen plötzlich wieder »Sie« zueinander »und versteifen sich ins verspießerte, maskenhaft Wohlanständige«. Jeder spielt dann den soliden Ehe- und Ehrenmann – bis zum nächsten Fest im Hause Graf.

# Franz Marcs »armes kleines Atelierchen« in der Schellingstraße 33

Sorgen über Sorgen quälen den 28jährigen Franz Marc (1880 bis 1916), einen geborenen Münchner, als er im Frühjahr 1908 das Rückgebäude des Hauses Schellingstraße 33 bezieht. Er ringt um die Harmonie zwischen Farbe und Form, wird darum halb wahnsinnig, leidet unter der eben erst – 1907 – geschlossenen

Ehe und ist in einer argen Geldnot. »Welche Kälte! Aber der Himmel schön und strahlend! Mein Leben dagegen weniger«, schreibt er am 21. Oktober 1908 an seine Freundin Maria Franck (1876–1955), die spätere Gattin, deren Anmut und Armut ihn schicksalshaft mit ihr verbinden.
In der Schellingstraße stellt er fest, daß er mit dem Farbkasten vorerst auf keinen grünen Zweig kommt. Er versucht es somit mit Tiergraphiken und -plastiken. Den Tieren hat er sich ja schon länger verschrieben. Wenn von ihnen die Rede ist, kommt er ins Schwärmen. »Heute war ich wieder auf der Pferdeweide, bezaubernd schön! Die hellen, leuchtenden Pferde auf einem Teppich von Herbstzeitlosen, den Herbsthimmel dazu!« Am Ende des Jahres hofft er, daß das neue Jahr »wirklich die Leiden etwas beiseite lassen könnte«.
Illusion und Irrtum! »Mein armes kleines Atelierchen« in der Schellingstraße sieht einen tief niedergeschlagenen Künstler. »Geldquellen öffnen sich nirgends«, berichtet er und fährt fort: »Ich weiß nicht recht, wie ich diesen Monat auskommen soll.« Aber auch die Kunst macht ihn unglücklich. »Ich quäle mich«, schreibt er mehr mit Tränen als Tinte im Frühjahr 1909 an seine Freundin Maria, die ihm immer wieder Mut und Trost zuspricht.
Im Jahr darauf zerstreuen sich die Sorgen etwas. Am Dreikönigstag besucht ihn August Macke (1887–1914). Eine kurze, aber innige Freundschaft beginnt. Im Februar erklärt sich die Kunsthandlung Brackl in der Goethestraße bereit, seine Bilder auszustellen. Doch es bringt fast kein Geld. »Die Verkäufe«, so stellt der Verleger und Schriftsteller Reinhard Piper (1879–1953) fest, »sind so gering, daß auch der kleinste dem Künstler auffallen mußte.«
Zu Hause ist er mit Maria oft allein und bespricht mit ihr die gemeinsame Zukunft. Zeitweise bekommt er Besuch von Kollegen und Kommilitonen. »In seinem Atelier an der Schellingstraße«, so schreibt Piper in seinen Erinnerungen, »hält Marc vor einem knappen Dutzend Teilnehmern Vorträge über Tieranatomie.« Dazu zeichnet er auf eine schwarze Wandtafel. Pipers wehmütige Erinnerung: »Ich höre noch seine dunkle warme

Stimme.« Auch andere schwärmen von ihm. Ina Seidel (1885 bis 1974), das hübsche Wesen vom Nikolaiplatz, beispielsweise meint: Franz Marc hat »eines der edelsten Gesichter, die mir im Leben begegnet sind, von strengem Schnitt, aber unendliche schöpferische Güte ausstrahlend«.

Marc fällt am 4. März 1916 bei Verdun, erst 36 Jahre alt. Unvergessen sind seine farbigen Tiergestalten, die auch heute noch kopiert werden. Daß er Tiere liebt, ja sogar »eine weiblich-zärtliche Liebe zum Tiere« entwickelt, schildert uns in seinen Memoiren (»München leuchtete«) recht eindrucksvoll der Schriftsteller Hans Brandenburg (1885–1968), der Marc »eine sehr reine Natur« nennt.

*Joachim Ringelnatz*

# Der Tabakladen von Ringelnatz in der Schellingstraße 23

»Nur selten nüchtern anzutreffen« ist nach Meinung von Ernst Hoferichter (1895–1966) der Dichter, Maler und Kabarettist Joachim Ringelnatz (1883–1934), ehemaliger Matrose, der bereits auf allen Meeren der Erde herumsegelte. Doch »im Suff« gibt er »zuweilen mehr Weisheit von sich als Dreiviertelgebildete im ganzen Leben«. Am schönsten aber ist es mit Ringelnatz, wenn man ihn »zwischen Nüchternheit und nur halb betrunken« trifft, was allerdings nur selten vorkomme. Sicher ist Ringelnatz nicht ganz nüchtern, als er im März 1909 plötzlich auf die Idee kommt, ein Zigarrengeschäft in der Schellingstraße 23 (ein Haus, in dem heute noch vier Geschäfte untergebracht sind) zu mieten und dort Kaufmann zu spielen.

In seinen Erinnerungen (»Mein Leben bis zum Kriege«) berichtet Ringelnatz, das Zigarrengeschäft sei per Zeitungsinserat angeboten worden. Da es gerade soviel kostet, wie er in bar besitzt, greift er, ohne lang zu überlegen, zu. Ringelnatz als Krämer! Seine Einrichtung besteht aus einem Regal, einem Ladentisch und zwei großen Wandspiegeln. Schnell macht er sich daran, den Laden »recht originell auszustatten«, was ihm in »ebenso kindischer wie geschmackloser Weise« gelingt. Das Ladenschild läßt er gelb anstreichen und darauf mit blauen Buchstaben schreiben: »Tabackhaus: Zum Hausdichter«. An der Tür liest man »on parle français«, »english spoken« sowie einige Phantasiezeichen, so daß man glaubt, der Zigarrenverkäufer spreche auch chinesisch. Ins Schaufenster wird ein Menschenskelett gelegt.

Die Münchner, die zur selben Zeit den Glaspalast besuchen, bemerken plötzlich an den Bildern ein Kärtchen, auf dem steht: »Haben Sie schon das merkwürdige Geschäft gesehen Tabackhaus Zum Hausdichter, Schellingstraße 23?« Die Leute kommen tatsächlich. Vor dem Schaufenster gibt es bisweilen einen Volksauflauf, nicht zuletzt des Skelettes wegen. Für kurze Zeit enga-

*Das »Tabackhaus: Zum Hausdichter« in der Schellingstraße 23 im ursprünglichen Zustand (heute »Schnellimbiß«).*

giert Ringelnatz eine Verkäuferin, »ein braves, ehrliches Mädchen, zu dem auch ich brav war«. Er ist nie zu ihr »dreist«, obwohl er dem schwachen Geschlecht überall und stets ge- und verfällt.
Die besten Kunden aber sind wohlhabende Bekannte aus dem »Simpl« in der benachbarten Türkenstraße, die nach der Polizeistunde mit Schnapsflaschen und Hockern »im Gänsemarsch über

die Straße nach meiner Tabaksbude« ziehen und hier weiterzechen. Im »Simpl«, bei der listigen und lustigen Wirtin Kathi Kobus (1855–1924), findet der ehemalige Matrose schon früh seinen Heimathafen. Er ist hier gern gesehener Gast und »Hausdichter«, der den Zuhörern obszöne Verse vorträgt und mit seinen Turngedichten die Damen ganz schön zum Erröten bringt. Er ist sehr beliebt, schätzt aber nach wie vor mehr den Rum als den Ruhm. Natürlich verpufft die Begeisterung für den Zigarrenladen bald. Im Herbst will er das Geschäft verkaufen, findet zunächst aber keinen Abnehmer. Da er für zwei Monate die Miete vorausbezahlt hat, nimmt er sich vor, »diesem Unternehmen auch einen lustigen Schwanz zu geben«. Er schenkt von jetzt ab alles her, was sich im Laden befindet. Manche Kunden sind empört, weil sie sich nichts schenken lassen wollen, andere sind »zu Tränen gerührt«. Viele bringen Ringelnatz daraufhin Gegengeschenke in das Zigarrengeschäft.

Einmal wollen zwei Studenten Ringelnatz reinlegen. Der Dichter hört im Laden, wie einer zum andern sagt: »Du, sieh mal, das ist ein ganz verrückter Kerl. Wir wollen hineingehen und eine Zigarette verlangen, die es gar nicht gibt.« Im Laden meint dann ein Student: »Ich möchte 20 Wapipa.« Ringelnatz nimmt darauf 20 billige Blankozigaretten, die keine Inschrift tragen, heraus und packt sie ein. »Was kostet das?« fragt der Student. Darauf Ringelnatz »kurz, streng und vornehm«: »Nun, das wissen Sie doch als Kenner der Wapipa – zehn Mark.« Der verdutzte Student ist »fasziniert von meinem vornehmen Blick« und zahlt die hohe Summe. Am 31. Dezember endet die Kaufmannskarriere von Ringelnatz.

Doch er säuft weiter. Carl Zuckmayer (1896–1977) berichtet über ihn: »Gegen Mitternacht konnte man seines Oberbootsmannsrausches gewiß sein.« In München lernt er nach dem Kriege auch seine spätere Frau Leonharda Gescher (1898–1977), ein »blondes Himmelsgeschöpf«, von Ringelnatz kurz »Muschelkalk« genannt, kennen. 1934 stirbt Ringelnatz in Berlin – nicht an einer Leber-, sondern einer Lungenkrankheit. Ein paar Musiker spielen auf dem Friedhof »La Paloma«.

# Scheffels Leid und Liebeskummer in der Ludwigstraße 18

Vom Oktoberfest 1856 bis zum Beginn des darauffolgenden Jahres wohnt der zu seiner Zeit sehr populäre Dichter Viktor von Scheffel (1826–1886), der Verfasser des »Ekkehard« und des »Trompeter von Säckingen« im Haus Ludwigstraße 18 (heute Universitätsbauamt), der Staatsbibliothek »gerade gegenüber«. Unmittelbar nach seiner Ankunft schreibt er an seine »carissima sorella Maria«, daß er in München (»ein zweites Florenz«) schon »viel Anknüpfungspunkte« habe. »München scheint mir, nach allen bisherigen Eindrücken, ein so guter Boden für mich, daß ich im Herzensgrunde froh bin, hier zu sein.«

Doch etwas geht dem 30jährigen in der Haupt- und Residenzstadt ab. Ein Mädchen. Er hat großen Liebeskummer. »Meine Wohnung ist groß und schön, so daß mich oft das Gefühl der Einsamkeit überschleicht. Es wäre so schön, diese Räume mit Jemand zu theilen, und nicht nur diese Räume, sondern auch ein weiches Herz, das sich so gern auf einen Gegenstand der Liebe und Verehrung concentrierte«, schreibt er an seine Schwester Maria.

Es sieht ganz so aus, daß Scheffels schönstes Liebesgedicht, das um die Jahrhundertwende alle jungen Mädchen auswendig können, hier in der Ludwigstraße konzipiert wird. »Das ist im Leben häßlich eingerichtet, / Daß bei den Rosen gleich die Dornen stehn, / Und was das arme Herz auch sehnt und dichtet, / Zum Schlusse kommt das Voneinandergehn. / In deinen Augen hab' ich einst gelesen, / Es blitzte drin von Lieb' und Glück ein Schein: / Behüt' dich Gott! es wär zu schön gewesen, / Behüt' dich Gott: es hat nicht sollen sein.«

In München gibt es so manche Annäherung des sensiblen Dichters an die Damenwelt. »Seit ich übrigens hier wieder in die Welt und Gesellschaft gehe, finde ich, daß ich so manche ver-

*Anton von Werner, Bildnis Viktor von Scheffel*

borgene gute Eigenschaft besitze, daß es wirklich schade wäre, wenn sich nicht eine Frau damit das Leben verschönern lassen wollte. Auch fangen die Münchner Damen an, mich ein wenig zu verwöhnen«, schreibt Scheffel.
Zu Beginn seines Aufenthalts bereiten ihm die Briefe seiner Schwester Maria unendlich viel Genugtuung und Genuß. Er sitzt sehr oft allein in seinem Zimmer und immer, wenn eine Nachricht von ihr kommt, ist ihm, »als ob die warme Herbstsonne, die von blauem Himmel hernieder in meine hohen Zimmer schien, sagen wollte: Freu dich, Meister Josephus, und sei wohlgemuth und sing wie eine Lerche, auch du sollst nach Trübsal und Leiden und viel schlechter Zeit dein Oktoberfest haben.«
Tausendmal bittet er seine Schwester, ihn doch zu besuchen.

»Meine Wohnung steht bereit, Dich zu empfangen, es ist Schade um meinen großen Salon, daß er bis jetzt so leer gestanden; ich habe auch Zeit genug, Dich auf manchen Gang zu begleiten, und im Übrigen findest Du so viel bekannte Damen, daß Dir die Zeit aufs angenehmste vergehen wird.« In dem von ihm gelobten und geliebten München will er Maria richtig verwöhnen.

München ist die Stadt, »wo Jeder dem nachgehen kann, was ihn fördert und freut«. Man stolpere »nicht jeden Augenblick über die kleinen Umstände und Intriguen, die das Kleinstadtleben so verbittern«. Von seiner Wohnung aus macht er Spaziergänge zur Glyptothek und Pinakothek und zur Bavaria, »die ist meine Münchner Vertraute, und verplaudert Nichts«.

Wenn Scheffel abends in seine Zimmer zurückkehrt, macht er sich lange Gedanken über seinen weiteren Lebensweg. Poet oder Professor? Was soll er werden? Und vor allem, wo soll er was werden? Fragen, die ihn quälen! Einmal bildet er sich ein, »hier in München ein Stück meiner Zukunft fertig zu hämmern«. Ein anderes Mal schreibt er der »guten« Schwester: »Für mich gestaltet sich der Aufenthalt in München über alle Erwartungen gut – frisch, heiter, angeregt, arbeitslustig, ohne all die gräulichen Sumpfstimmungen, die mich anderwärts umfangen hielten.« München sei eine Stadt, »in der ein Künstler besser gedeiht« als ein Professor, der Studenten examinieren müsse.

Zu Beginn des Jahres 1857 schwelgt Scheffel dann in größter Freude. Seine Schwester sagt zu, zum »Rubensfest« der Münchner Künstlerschaft an die Isar zu kommen. Doch bald wandelt sich die Freude in tiefsten Schmerz. Unmittelbar nach dem Fest fährt Scheffel nämlich mit Maria zum Schlittschuhlaufen an den Starnberger See. Maria erkrankt gleich darauf und stirbt fünf Tage später. Der Münchner Gelehrte Hyazinth Holland berichtet in seinen »Lebenserinnerungen« unter anderem: »Scheffels Schmerz war grenzenlos. Wie wahnsinnig lief er umher und klagte sich laut an, daß er den Tod der geliebten Schwester verschuldet habe.«

*Friedrich August von Kaulbach*

# In der Kaulbach-Villa trifft sich der Hoch- und Geldadel Kaulbachstraße 15

Neben der Lenbach-Villa ist der Palazzo Friedrich August von Kaulbachs (1850–1920) die zweite große Künstler-Hofhaltung Münchens. Hier treffen sich zu allen Jahreszeiten Fürsten, Frauen, Finanziers und Forscher. Kaulbach läßt die Villa, heute Kaulbachstraße 15, in den Jahren 1887 bis 1889 von Gabriel Seidl (1848–1913) »nicht gerade vor den Propyläen (wie Lenbach), doch in einem nicht minder klassischen Viertel« (Joseph Ruederer) errichten.

Den Unterschied zwischen Kaulbach- und Lenbach-Villa umschreibt Georg Fuchs (1868–1949), der Leiter des Künstlertheaters und ein Bekannter Kaulbachs, wie folgt: »Nur daß an diesem anderen Künstler-Hofe (gemeint ist das Kaulbach-Haus) nicht wie bei Lenbach, es vorzugsweise die Männer waren, welche zugelassen zu werden begehrten, sondern vor allem die Frauen: Königinnen der alttraditionellen wie der neuesten, ganz traditionslosen Abstammung, Fürstinnen aus historischem Herrscherblut von Gottes Gnaden und Fürstinnen vom Blute Chicagoer Großschlächter, Dollarprinzessinnen und Königinnen der Bühne, der Kunst, der Musik, des Tanzes, der Mode und vor allem solche Königinnen, die kein anderes Königsreich aufzuweisen hatten, als ihre königliche Frauenschönheit, ihren jugendlichen Mädchenreiz.« Zu den wenigen Männern, die Kaulbach porträtiert, gehören unter anderen Kaiser Wilhelm II., der Prinzregent, Pettenkofer und sein eigener Vater.

Mit seiner »Schützenliesl«, die er schon 1871 malt, wird Kaulbach berühmt. Doch das ist auch sein bestes Porträt. Was Kaulbach in seiner Villa noch leistet, ist »nicht übermäßig originell« (Georg Fuchs) und in der Kunstgeschichte nicht unumstritten. Seine Frauenbilder zeigen »nur das süße, oberflächliche Lächeln, leise Schwärmerei, die kühle Überlegenheit satter Ruhe«

(Thieme-Becker). Trotzdem strömen zu ihm die Frauen und Mädchen der oberen Klassen und lassen sich von ihm in freier Landschaft (manchmal in seinem herrlichen Garten hinter der Villa) oder »in dem Duft eines Boudoirs« porträtieren. Das Motto seines Erfolgs lautet: Mache aus den häßlichen Damen schöne und aus den schönen noch schönere.
Zahllose Male steht ihm seine Gattin Frida, eine bekannte Geigerin, Modell. »Aus vielen seiner zartesten Schöpfungen leuchtet ihr Bild«, weiß Luigi von Buerkel (1877–1946) in seinen Erinnerungen (»Vom Rindermarkt zur Leopoldstraße«) zu berichten. Als Buerkel die hübsche Dame bei einem Konzert kennenlernt, ist er ganz verstört. »Seit diesem Abend«, so schreibt er, »ging nichts mehr in Ordnung. Nie hatte ich eine so schöne Frau gesehen, nie so wunderbares Spiel gehört.« Wenig später wird »die Köstliche« Kaulbach angetraut. Buerkel: »Ohne daß sie es ahnte, habe ich sie noch jahrelang mit meiner Liebe verfolgt.« Als Kaulbach 1889 in seine Villa einzieht, ist er gerade Akademiedirektor (Nachfolger von Piloty), doch nach fünf Jahren legt er das Amt wieder nieder. Es hindert ihn am Geldverdienen.
Das Haus selbst schildert Louise von Kobell (1828–1901) so: »Sein Atelier ist eine vom reinsten Licht erhellte Halle, mit weitem Nebenraume, mit Holzdecke und Gobelins als Wandbekleidung, mit mannigfaltigen Prachtstücken und doch so gemütlicher Stimmung. Am Fenster steht auf hohem Sockel die byzantinische Holzstatue eines Bischofs und schräg gegenüber eine Madonna. Man findet noch einen italienischen Edelknaben (in einer Nische), eine antike Büste und einen steinernen Faun aus uralter Zeit.«
Im Dritten Reich ist die Kaulbach-Villa der Sitz von Gauleiter Adolf Wagner. Im Krieg wird sie etwas beschädigt, aber wieder repariert. Heute ist der amerikanische Soldatensender AFN darin untergebracht.

# Ricarda Huchs glückliche Jahre in der Kaulbachstraße 35

16 Jahre bewohnt Ricarda Huch (1864–1947) das zweite Gartenhaus der Kaulbachstraße 35. Zuerst in einer heimeligen Dachwohnung, dann im ersten Stock. Hier schreibt sie trotz ihrer zeitweiligen Depressionen ihre wichtigsten Werke: »Der große Krieg in Deutschland«, die »wuchtigste und umfassendste Darstellung des Dreißigjährigen Krieges« (Michael Dirrigl), »Wallenstein«, »Luthers Glaube«, »Der Sinn der Heiligen Schrift«.

Die Wallensteinstudie wird sogar von Sigmund Riezler (1843 bis 1927), dem berühmten Historiker, gewürdigt.
Von ihrem Balkon in der Kaulbachstraße aus sieht sie den Münchner Buben beim Spielen zu, betrachtet die Studenten, die sich im Priesterseminar auf den Beruf eines Geistlichen vorbereiten, und oft geht ihr Blick auf die Ludwigstraße, wo sich Ochsenkarren, vornehme Kaleschen und Kutschen, Reiter und die ersten Automobils begegnen.
Ricarda ist fasziniert von München. In einer Hymne heißt es unter anderem: »Stadt der Bergluft und des südlichen Himmels, Pfeiler der Brücke zwischen Deutschland und Italien, Stadt der Bierkeller und der weihrauchgefüllten Kirchen, der knurrenden Beamten, der schönen Bürgertöchter, der ungeschlachten Bauern, der bacchantischen Schwabinger.« Einmal schreibt sie aber auch: »Langweiliger, als München für uns ist, kann eigentlich gar nichts sein.«
Der letzte Satz zeigt, daß die Dichterin in dem Gartenhaus der Kaulbachstraße öfter ziemlich frustriert ist. In ihren Briefen läßt sie sehr oft durchblicken, daß ihr bisweilen selten etwas Spaß macht. Beim Ausbruch des Ersten Weltkrieges schreibt sie: »Wenn ich ins Feld gehen könnte, würde ich mit Leib und Seele dabei sein, die Männer haben es immer besser.« 1921 klagt sie, daß sie eigentlich seit Jahren nie mehr recht zum Arbeiten komme. Sie »verzettle sich im Haushalt« und »in zahllosen überflüssigen Besuchen, die ich doch nicht abwälzen kann, weil ich sonst ganz allein stände«. Schon 1912 bekommt sie »einen Ekel gegen alle meine früheren Bücher«.
Nach solchen Perioden der Niedergeschlagenheit kommt sie aber regelmäßig in eine Arbeitswut ohnegleichen. Den Vormittag verbringt sie dann gewöhnlicherweise »an meinem geräumigen Schreibtisch in der Sonne, die hier so viel scheint«. An Weihnachten bastelt sie mit viel Liebe an ihrer Krippe, und 1922 preist sie sich »jeden Morgen glücklich, wo ich mit dem Gefühl aufwache, daß mir nichts fehlt«. Vor allem ihre zahlreichen Reisen nach Padua geben ihr wieder Mut und Muße zur Schriftstellerei.

1924 feiert München den 60. Geburtstag der Dichterin, »deren gebietende Gestalt im festlich erlauchten Saale ein alle bewegtes Bild hoher Menschlichkeit und geistigen Adels« darstellt, wie Emil Preetorius in seinen Erinnerungen schreibt. Ricarda, sonst Festen und Feiern nicht sehr zugetan, führt plötzlich ihre Tochter aus, lädt junge Leute zu sich ins Gartenhaus und macht allerlei Späße und Spiele mit. Die zahlreichen Freunde und Verehrer geben sich ständig die Türklinke in die Hand. Das ruhige Gartenhaus wacht im Geburtstagsjahr mit einem Male aus dem Dornröschenschlaf auf. Der Postbote bringt sogar ein Schreiben von Thomas Mann. Darin steht unter anderem: »Dies sollte ein deutscher Frauentag sein, und mehr als ein deutscher. Denn nicht nur die erste Frau Deutschlands ist es, die man zu feiern hat, es ist wahrscheinlich heute die erste Frau Europas.«
Und nicht nur für Thomas Mann ist sie eine große Frau, auch für die übrigen Dichter und Schriftsteller und Schwabinger Künstler. Sie wird geehrt und gefeiert. Eine der schönsten Charakteristiken stammt aus der Feder von Hans Brandenburg, der sie in seinen Memoiren würdigt: »Diese Frau und ihr unvergeßliches Gesicht, dessen obere Hälfte mit den kalten klugen Augen uralt wie das einer Eule und dessen untere Hälfte mit dem verlangenden Mund jung und blühend war.«
1927 zieht Huch zu ihrer Tochter nach Berlin. Fällt ihr der Abschied von dem unscheinbaren Gartenhaus schwer? Ja! Es bedrückt sie plötzlich, »dies München zu verlassen, ganz besonders aber dies Haus, in dem ich 16 Jahre glücklich war, mindestens 12 Jahre vollkommen glücklich«. Ihre Liebe hängt natürlich nicht so sehr an dem Gartenhaus, aber es ist das »Symbol« ihres Glücks. Wenig später wird sie krank. Aber auch nach der Genesung bleibt sie bei ihrem Entschluß, die Stadt zu verlassen. Von Berlin aus schreibt sie melancholisch: »Ich kann mich schwer an die Wohnung und an die Stadt gewöhnen, in München war's eben so wunderschön und bequem wie ein alter Handschuh, der einem paßt.« Ihren Plan, nach Frankfurt am Main überzusiedeln, durchkreuzt der Tod.

# Bierbaums »armseliges Studentenstübchen« in der Kaulbachstraße 41

Im Sommer 1889 entschließt sich der Dichter Otto Julius Bierbaum (1865–1910), seine Studien in Leipzig aufzugeben und in München als Journalist und Schriftsteller »tüchtig Geld zu verdienen«, wie er an seinen Paten in Zürich berichtet. Doch seine journalistischen Ambitionen werden zunächst gebremst. »Die Münchner Redaktionspläne, von denen ich Ihnen schrieb, sind tot und begraben«, teilt er schon Ende August 1889 resigniert Liliencron mit, fügt aber hinzu: »Bleibe doch gerne in München!« Er hat auch gleich einen Grund für seinen ersten Mißerfolg und redet sich ein, daß »die Münchner Journalistik ja noch gemeiner als die Berliner« sei. Seine erste Unterkunft findet Bierbaum im ersten Stock des Hauses Kaulbachstraße 41, in dem ein großes Delikatessen- und Kolonialwarengeschäft untergebracht ist.

»Die Inhaberin«, so erzählt einer seiner Freunde, »ist eine prächtige Biedersfrau, die das blühende Geschäft gegründet hatte und mit geschäftsmännischem Geiste leitet.« Bierbaum wird zwar von ihr nicht gerade verwöhnt, aber er hat doch »alles im Haus, auch einige hübsche Töchter, die, wenn sie bis zum Sinken der Sonne vorn im Laden Zucker und Kaffee gewogen, Wurst und Schinken geschnitten, in den Abendstunden im Hinterstübchen den Tag so gern poetisch ausklingen lassen«. Der Untermieter holt dann seine Bücher und liest aus ihnen vor. »Andachtsvoll« hören dabei Mutter und Töchter zu. Bierbaum fehlt es in jenen Jahren »an nichts«. Auch während einer langen, schweren Krankheit wird er »von diesen gutmütigen Münchner Kindln mit Liebe gepflegt«.

Wie der Schriftsteller Hans Brandenburg in seinen Erinnerungen über Bierbaum erzählt, führt ihn »sein Kampf um das tägliche Brot, aber auch um das seiner verarmten Eltern, die er unter-

stützt, zu einer »alles unternehmenden Publizistik«. Er ist zunächst für jeden Auftrag dankbar. Insbesondere verfaßt Bierbaum in diesen ersten Münchner Jahren für verschiedene Blätter Berichte über Gemäldeausstellungen, Aufsätze über Künstler und ihre Werke. Bald steht er mit vielen Dichtern und Malern in Verbindung. 1892 (im selben Jahr heiratet er in London Gusti Rathgeber) veröffentlicht er seine »Erlebten Gedichte«, ein Bändchen, in dem er Spottverse auf den Münchner Dichterkreis um Paul Heyse, aber auch Liebes- und Naturgedichte zusammenfaßt. Die Gefeierten seiner Liebesgedichte sind Dienstmädchen, Kellnerinnen und Bäuerinnen. Der erotische Inhalt soll das Bürgertum schockieren. 1893 erscheinen Bierbaums »Studenten-Beichten«, sein erstes großes Werk.

*Otto Julius Bierbaum*

Seine Karriere ist von nun an steil. Im Dezember 1893 geht er mit seiner Gattin nach Berlin, um die Redaktion der »Freien Bühne« zu übernehmen. Doch bald ist er wieder in München. Im Frühjahr 1894 gründet er hier die Zeitschrift »Pan«, von der im April 1895 die erste Nummer erscheint. 1898 wird er Mitherausgeber der »Insel«. Er verdient dabei außergewöhnlich gut. Als ihm der Schriftsteller Michael Georg Conrad (1846–1927) zu seinen Erfolgen gratuliert, erinnert ihn Bierbaum an die glückliche Zeit im Haus Kaulbachstraße 41. Er meint: »Ich wollte, ich hätte noch einmal die Träume wie damals, wo ein literarischer Habenichts ein armselig Studentenstübchen, keine feudale sturmfreie Bude, an der Ecke Kaulbach- und Veterinärstraße bewohnte, über einem käse-, hering- und petroleumduftenden Kramladen.«
Doch Bierbaum hat keinen Grund zur Klage, denn er hat ein überdurchschnittlich hohes Einkommen und kann sich – worum er allgemein beneidet wird – eine ausgedehnte Autoreise nach Italien leisten. Da ihm 1899 seine Gattin Gusti mit einem Berliner Komponisten durchbrennt, heiratet er 1901 die 18jährige Florentinerin Gemma Pruneti-Lotti, »eine der charmantesten und in ihrer schlichten Natürlichkeit vornehmsten Frauen, die mir je begegnet sind«, wie Korfiz Holm in seinen Erinnerungen (»ich – kleingeschrieben«) erzählt. Frei von finanziellen Sorgen verlebt das »äußerst ungleiche Paar« mehrere Jahre glücklich und zufrieden in Pasing. Die Liebesbriefe, die Bierbaum in diesen Jahren an »meine liebe liebe liebe Gemma« schreibt, gehören mit zum Schönsten, was er je verfaßt hat. Er hängt so sehr an seiner hübschen Frau, daß er sie als Sterbender bittet, ihm alle ihre Bilder und Porträts mit in den Sarg zu legen.

# Diktatoren und Diplomaten im Prinz-Carl-Palais Königinstraße 1

Eine bewegte Geschichte hat das Prinz-Carl-Palais (Königinstraße 1) hinter sich, das künftig dem bayerischen Ministerpräsidenten als Amtssitz dienen soll. Es wird in den Jahren 1804 bis 1806 von Karl von Fischer (1782–1820) für den Abbé Pierre de Salabert (1734–1807) gebaut. Salabert ist der ehemalige Erzieher der Herzöge von Pfalz-Zweibrücken, der dem späteren König Max I. Joseph 1799 nach München folgt. Allerdings stirbt der Abbé kurz nach dem Einzug in das Palais.

1825 kommt das Palais an Prinz Carl (1795–1875), einen Bruder König Ludwigs I. Nach dem Tod des Prinzen residieren hier die österreichisch-ungarischen Gesandten. 1924 wird das Palais Dienstwohnung des bayerischen Ministerpräsidenten Heinrich Held, dann benützen es die Nazis, die das Haus auch umbauen, zu Repräsentationszwecken.

Am 25. September 1937 erlebt das Prinz-Carl-Palais wohl seinen stürmischsten Tag. Für ein paar Stunden quartiert sich nämlich Italiens Diktator Benito Mussolini (1883–1945) hier ein. Die Anweisung an die zuständigen Stellen lautet: »Das Prinz-Carl-Palais muß bis zur Ankunft des Gastes bis zum letzten Teelöffel und zur letzten Serviette eingerichtet sein. Für Keller und Küche hat Walterspiel zu sorgen. Ferner muß im Haus für die ganze Anwesenheit des Gastes außer dem sonst üblichen, wenn möglich sprachenkundigen Personal ein Friseur, ein Schneider, eine Manicure, eventuell ein Arzt und ein sprachenkundiger Telephonist sein. Die dauernde Telephonverbindung mit Rom muß gesichert sein. Obst auf den Zimmern, Fachinger Wasser, eine Espresso-Kaffee-Maschine, Kognak, Wermut, Zigarren, Zigaretten in der Halle auf einem Tisch.«

Als Mussolini am Vormittag im Palais eintrifft, »wallen eine große Hakenkreuzfahne und eine italienische Nationalfahne«

vom Gebäude herab. Vor dem Eingang stehen Lorbeerbäume, SS-Doppelposten in schwarzen Uniformen und weißem Lederzeug bewachen die Tore mit aufgepflanzten Seitengewehren. Die Menschen winken und schreien. In den »Münchner Neuesten Nachrichten« heißt es: »Sofort nach der Ankunft im Prinz-Carl-Palais begibt sich der Duce in seine Privatgemächer und hält sich dort auf, bis er vom Stellvertreter des Führers, Rudolf Heß, zum Besuch des Führers in seiner Privatwohnung am Prinzregentenplatz abgeholt wird. Während dieser Zeit kann sich die Menge nicht genug tun, durch Heilrufe und Sprechchöre: ›Wir wollen den Duce sehen!‹ den italienischen Regierungschef zum Hinaus-

*Benito Mussolini*

treten auf den Balkon zu veranlassen. Mussolini erscheint zur großen Freude der Menge auch auf den Balkon und grüßt nach beiden Seiten hin freundlich winkend.«
Kurz darauf startet Mussolini zur Führerwohnung. Gegen Mittag kehrt er wieder zurück. »Geduldig harrte inzwischen die Menge vor dem Prinz-Carl-Palais aus, eine gewaltige menschliche Mauer, die nicht zum Wanken und Weichen« zu bringen ist. Doch der Jubel ist jetzt nicht so übermäßig, wie man es sich ursprünglich vorstellt. Ein Redakteur der »Neuesten Nachrichten« entschuldigt sich dafür alleruntertänigst: »Großer Mussolini, vergib und nimm es nicht für geringere Teilnahme: So gut wie deine Italiener, deren mächtiges: ›Duce! Duce!‹ du so oft und stürmisch über die Piazza donnern hörtest, können es unsere Münchner nicht.«
Am Nachmittag weilt der Diktator knapp zwei Stunden im Palais, »um dringende Arbeiten zu erledigen«. Unterdessen rufen die Leute draußen abermals: »Wir wollen den Duce sehen.« Um 17.25 Uhr kommt dann Hitler ins Prinz-Carl-Palais, »wie immer umbrandet von der Begeisterung der Menge«. Mussolini erwartet ihn in der großen Halle. Im Laufe der Unterredung überreicht ihm der Führer »eine nur für ihn bestimmte einmalige Ausführung des Großkreuzes des Ordens vom Deutschen Adler, dessen erster Inhaber Mussolini ist«.
Um 17.42 Uhr gehen beide Diktatoren zu Fuß ins Haus der Kunst hinüber. Dort hält es Mussolini kaum eine Stunde aus. Um 19.10 Uhr verläßt er in seinem Sonderzug den Münchner Hauptbahnhof.

*Frank und Tilly Wedekind*

# Wedekinds letzte Wohnung im Haus Prinzregentenstraße 50

Im Haus Prinzregentenstraße 50 wohnt die letzten zehn Jahre seines Lebens Frank Wedekind (1864–1918) mit seiner jungen und hübschen Gattin Tilly, einer erfolgreichen Schauspielerin. Das ungleiche Künstlerehepaar, das je nach seiner Stimmung entweder total über- oder unglücklich ist, zieht hier im Jahre 1908 ein. Es ist eine »schöne große bürgerliche Wohnung« (Carl Zuckmayer), in dem aber ein Gästezimmer fehlt. 1912 muß Wedekind

seinem Freund Maximilian Harden (1861–1927), dem er drei Jahre später sein Stück »Bismarck« widmet, mitteilen: »Zu meinem großen Bedauern kann ich Sie nicht bitten, in unserer Wohnung abzusteigen, da wir kein Besuchszimmer haben.«
Tochter Pamela erzählt Einzelheiten über den Tagesablauf des Vaters. »Unwiderruflich pünktlich um 2 Uhr erschien mein Vater zur Mittagsmahlzeit, an der wir, kaum dem Babyalter entwachsen, teilnahmen und bei der von uns nicht nur angenehme Manieren, sondern auch Beteiligung an der Unterhaltung erwartet wurde. Vor allem verlangte mein Vater die größte Aufmerksamkeit für unsere schöne Mutter Tilly, seine treueste Mitarbeiterin.« Und weiter meint Pamela: »Der Weltuntergang hätte uns weniger überrascht als der Ausfall jener herrlichen Stunden nach Tisch, in denen wir im Arbeitszimmer unseres Vaters mit ihm spielen, musizieren, tanzen und singen durften. Mit sakraler Regelmäßigkeit fand dieses Fest tatsächlich jeden Nachmittag statt.« Abends singt Wedekind »auf- und abgehend« Lieder, wobei er sich auf der Mandoline begleitet. Töchterchen Pamela spielt dazu Gitarre.
Im Arbeitszimmer, in dem die letzten großen Werke des Dichters entstehen, ist alles rot. »Rote Teppiche, rote Tapeten, rote Vorhänge und die spartanisch primitiven Büromöbel, die je nach seiner Stimmung bemalt« werden. An Wänden und Türen hängen die Rollenbilder von Tilly. »Hier gab es die himmelblaue Kugel, auf der meine Mutter in ›Zensur‹ über die ganze Bühne laufen mußte, die Lauftrommel, die uns Kindern als eine Art Training zum Kugellaufen diente, Musikinstrumente, vom Klavier bis zum Xylophon einschließlich Trommeln und Kastagnetten«, schreibt Pamela in ihren Erinnerungen. »Auf dem Schreibtisch«, so erzählt Hans Brandenburg in seinen Memoiren, stehen »sinnige Familienphotographien«.
Unter Kennern erfreut sich Wedekind großer Wertschätzung. 1911 erreicht ihn die Nachricht, daß sich zahlreiche Künstler – unter ihnen Ganghofer, Heinrich und Thomas Mann, Pfitzner, Richard Strauss, Max Reinhardt, Halbe, Liebermann und Slevogt – gegen die Verbote der Wedekindschen Stücke energisch

verwahrten. Später erhofft sich Wedekind nach einem Sieg im Krieg größere Freiheiten.
Von der Obrigkeit wird der Dichter gefürchtet, gehaßt. Um die Jahrhundertwende muß er wegen Majestätsbeleidigung ins Gefängnis. 1908 versucht er, sich zu revanchieren. Seine Gattin Tilly schreibt: »Als Kaiser Wilhelm II. 1908 nach München kam, um die Schackgalerie, die ihm persönlich gehörte, der Stadt München zu schenken, wohnten wir der Galerie in der Prinzregentenstraße 50 gerade gegenüber. Wedekind hatte sämtliche Schauspieler des Schauspielhauses der Kammerspiele und des Hoftheaters, die er kannte, eingeladen, damit sie von unseren

Fenstern aus das Schauspiel miterleben und dem Kaiser zujubeln konnten. Es war eine echt Wedekindsche Situation von Tragikomik.«

Doch das Leben in der Prinzregentenstraße ist oft die Hölle. Ihn plagt die Eifersucht, sie die Eitelkeit. »Wenn er nicht starb, dann wollte ich sterben. So war es unerträglich«, meint Tilly. 1918 fährt Frank Wedekind von seiner Wohnung aus in die Klinik und kehrt nicht mehr zurück. Er stirbt am 9. März 1918. »Tilly, Tilly«, sind seine letzten Worte.

Nach dem Tod Wedekinds kehrt hier oft Carl Zuckmayer ein, der Tilly »zum Weinen schön« findet. In seinen Erinnerungen (»Als wär's ein Stück von mir«) feiert der Dichter die junge Witwe als »eine Frau von blühender Schönheit«, deren Lächeln »von stillem, zärtlichen Liebreiz« ist. Er lobt ihre Kochkünste und erinnert sich auch an die beiden Töchter des Hauses. Mit der 16jährigen Pamela sitzt er »gitarrespielend auf dem Boden«, mit Kadidja, der zwölfjährigen, gerät er »in ein wildes Karl-May-Indianerspielen«, das oft mit einem Gerangel am Boden endet. Kadidja und Zuckmayer reden sich mit »Hund von Pimo«, »Kröte von Atabaskah« oder »Stinkender Coyote« an.

Heute ist das Haus Prinzregentenstraße 50 Sitz des Generalkonsulates von Ecuador und mehrerer Handelsgesellschaften.

# Schwabing

# Dichterresidenz in der Leopoldstraße 4 neben dem Siegestor

Nach übereinstimmenden Berichten der Zeitgenossen ist um die Jahrhundertwende das Haus Leopoldstraße 4 eines der elegantesten und luxuriösesten in ganz München. Hier wird die exklusive und elitäre Literatur- und Kunstzeitschrift »Die Insel« redigiert, hier wird entschieden, was künstlerisch ernst zu nehmen ist und was nicht. Die beiden Bremer Alfred Walter Heymel (1878–1914), wahrscheinlich ein illegitimer Sproß des spanischen Königs Alfred XII., Adoptivkind eines deutschen Millionärs und Erbe eines riesigen Vermögens, und Rudolf Alexander Schröder (1878–1962) verwandeln 1898 das Haus nahe dem Siegestor in ein pompöses Parkschloß. Beide begeistern sich schon auf der Schulbank für Literatur und Schriftstellerei, lieben aber jetzt neben Dramen auch Damen. Man sagt, daß in ihrem Haus die schönsten Frauen aus- und eingehen: Kurtisanen und Komtessen, Verheiratete und Vorstadtschönheiten sieht man bei und mit ihnen.

Der Maler Rolf von Hoerschelmann (1885–1947) rechnet beide zu den »elegantesten Schwabingern, die es je gab«. Die Gäste treffen bei ihnen »schöne Frauen, schöne Pferde, schöne Blumen, englische Bücher in schmiegsamen Lederbänden«. Es gibt hier »viel gutes Essen und Trinken«. Kurzum, es ist »ein gastliches, immer zu Festen bereitetes und bereites Haus« (Franz Blei), in dem sich die großen und kleinen Künstler einfinden.

Nur ganz wenige bleiben fern. Zu ihnen gehören die beiden Schriftsteller Stefan George, der selbst seinen eigenen »Zirkel der Enormen« hat, und Richard Voß. Gerade Voß ist auf Heymels Feste sehr schlecht zu sprechen. Er schreibt in seinen Erinnerungen unter anderem: »Lange Zeit wollte ich diesen heute so schmerzlich betrauerten Alfred Heymel nicht kennenlernen; denn ich hatte über ihn des Tollen und Extravaganten gar zu viel gehört. Er war ein berühmter Herrenreiter und berüchtigter Lebemann und in jedem Sinn ein Ultramoderner. Auch ein

Dekadenter. Was also hatte ich mit ihm zu schaffen? Ganz München sprach von seinem Reichtum, seinen Liebschaften, seinen Festen, seinen Orgien.«
Die übrigen aber schauen hier gern vorbei, sie lieben das Milieu, »wie es bis dahin im lebensfrohen, aber unluxuriösen München nicht geschaut worden war« (Hoerschelmann). Sie bestaunen alle die Salons »im etwas kokettischen Geschmack«, in denen »graue Seide, rosa Rosen, Mahagoni und Silber« die Zimmer verschönern. An der Bar – dem Stolz Heymels – werden die feinsten Getränke ausgeschenkt. Man gibt sich so, als sei man der Herrscher Bayerns, diskutiert über neue Anschaffungen und das nächste Fest. Alles scheint möglich zu sein. »Vielleicht würde man nächstens auch ein eigenes Theater haben, vielleicht auch einmal Salzburg kaufen und weiß Gott noch alles«, berichtet Franz Blei. Nach den Worten von Wilhelm Weigand zeigen

*Rudolf Alexander Schröder*

*Konrad von Kardorff, Bildnis Alfred Walter Heymel*

Schröder und Heymel den Münchner »Bürgern und Kunstzigeunern beiderlei Geschlechts, wie man auch noch im Zeitalter allgemeiner Verbürgerlichung ein unbelastetes Herrendasein großen Stils« führen kann.

Doch man arbeitet auch bisweilen. Im kleinsten Zimmer wird »Die Insel« redigiert, die erstmals im Herbst 1899 erscheint und »in Deutschland Epoche machen sollte«. Heymel, Schröder und Otto Julius Bierbaum sind die Herausgeber. Als Mitarbeiter werden unter anderem Dehmel, Liliencron, Arno Holz, Ernst von Wolzogen, Rilke, Wedekind und Hofmannsthal gewonnen. Bei der graphischen Gestaltung wirken unter anderem Max Liebermann, Hans Thoma und Thomas Theodor Heine mit. »Die Insel« bringt vorwiegend »moderne Gedichte, literarische Leckerbissen aus allen Zeiten und Ländern, geistreiche Essays«, auf die viele Monat für Monat warten.

Aus der Zeitschrift geht dann der Insel-Buchverlag (Hoerschelmann: »Einer der vorzüglichsten und verdienstvollsten deutschen Verlage.«) hervor. »Die Insel« wird allerdings schon 1902 eingestellt. In diesem Jahr steigt nämlich Bierbaum aus dem Unternehmen aus. Heymel will ihm sein ohnehin fürstliches Gehalt nicht mehr verbessern. Erbittert zieht sich daraufhin Bierbaum zurück und schreibt seinen Schlüsselroman »Prinz Kuckuck – Leben, Taten, Meinungen und Höllenfahrt eines Wollüstlings«. Darin nimmt er auch Leben und Treiben in der Leopoldstraße 4 aufs Korn. Der Roman löst in Deutschland einen Skandal ohnegleichen aus.

Kurz nach Bierbaum verlassen auch Schröder und Heymel das Haus. Heymel fördert als Leiter des Insel-Verlages in Bremen die moderne Dichtung. Schröder entfaltet noch eine reiche schriftstellerische Tätigkeit. In seinen 1941 geschriebenen Erinnerungen meint er: »Die Zeit um die Jahrhundertwende war eine außergewöhnlich reiche und glückliche; viel altes, großes Erbe war noch lebendig und schien gerade in jenem Moment erst mit seiner eigentlichen Wirkung hervorzutreten, unzählige neue Kräfte waren am Werk, unübersehbare Entwicklungen kündigten sich an oder schienen doch sich anzukündigen.«

# »Wein und Weiber« bei Corinth und Ruederer in der Giselastraße 7

Lovis Corinth (1858–1925) und Joseph Ruederer (1861–1915) werken und wirken vor der Jahrhundertwende im Haus Giselastraße 7. Der Maler erzählt vom Dichter: »Und da er auch zu den Nörglern zählte, sympathisierten wir bald, und mein Atelier klang bald von schmetterndem Dichtergezwitscher wider.« Bald kommt Max Halbe (1865–1944) hinzu. Es ist ein munteres Künstlerleben. Corinth malt und karikiert Ruederer und Halbe. Ruederer schildert den Maler in seinen Erzählungen.

1891 zieht Corinth von Königsberg kommend in München ein. In Ruederer findet er einen Menschen, der ihn in seinen schriftstellerischen Ambitionen ein bißchen unterstützt. Doch mit dem Malen hat er mehr Erfolg. In München entdeckt Corinth vor allem die Aktmalerei. Häufig steigen die jungen Damen in sein Atelier hinauf und stellen sich dem Meister zur Verfügung. Da skizziert er dann »das gschamige Mädel«, ein »fröhliches Mädchen« oder ein »erwachendes Mädchen«, das sich gerade von der Liege erhebt.

Corinth malt die Mädchen, wie sie sich gerade ihre Haare ordnen, Toilette machen, sich an- oder ausziehen oder auf dem Bett strecken und recken – halb und ganz nackt. Sein Top-Modell ist die Nanni, die »von oben bis unten in festes kräftiges Fleisch gepackt« ist. Wenn sie mit der Hand auf ihre nackten Schenkel patscht, klingt es »wie in der Küche, wenn fette Koteletten gehackt werden«.

Dann kommen Corinth wieder ganz andere Gedanken. Er malt mehrere Male einen »Blick aus dem Schwabinger Atelierfenster« in Richtung Norden. Da sieht man die rauchenden Schlote von Freimann, Kirchtürme und Bäume, freies Feld und niedrige Häuser. Auf seinem »Selbstbildnis mit Skelett« (1896) zeichnet er sich als kräftigen, wohlbeleibten Mann (eine »bärenhafte

Grazie«) mit Schnauzbart, links neben ihm ein Skelett. Das Fenstergestänge – mit dem Gitter eines Arbeitskäfigs zu vergleichen – quadriert die Bildfläche. Der Blick zum Fenster hinaus zeigt wieder die Schwabinger und Freimanner Szenerie um die Jahrhundertwende.

Es ist das Atelier, in dem Corinth nach den Angaben Ruederers seufzt und säuft, liebt und leidet. Hier findet so manches Künstlerfest statt, wo es »Wein und Weiber« in Hülle und Fülle gibt. Hier werden »furchtbare Batterien« von Flaschen entkorkt, und hier erwacht der Meister öfter nach »dumpfem Schlafe« und findet neben sich »in der engen Bettstatt zu seinem uferlosen Staunen ein lockeres Mädchen, das nur gegen prompte Bezahlung die liebgewordene Stätte« verläßt.

Trotzdem, Corinth wird in der Stadt nicht so richtig heimisch. Er haßt Lenbachs »Malerfürstentum« und tritt von der eben gegründeten Sezession wieder zurück. Auch der Erfolg stellt sich nicht so ein, wie er sich das ursprünglich vorgestellt hat. Als »geborenen Preußen«, wie er sich selber in seinen Aufzeichnungen nennt, zieht es ihn dann auch nach Berlin, wo ihn Heimat und Heirat scheinbar glücklicher machen. München ist für ihn plötzlich nur noch eine Stadt der »bösen Erinnerungen«.

*Lovis Corinth*
*Bildnis Joseph Ruederer*
*Zeichnung*

*Lovis Corinth,*
*Selbstporträt mit Skelett, 1896.*
*München, Städtische Galerie*

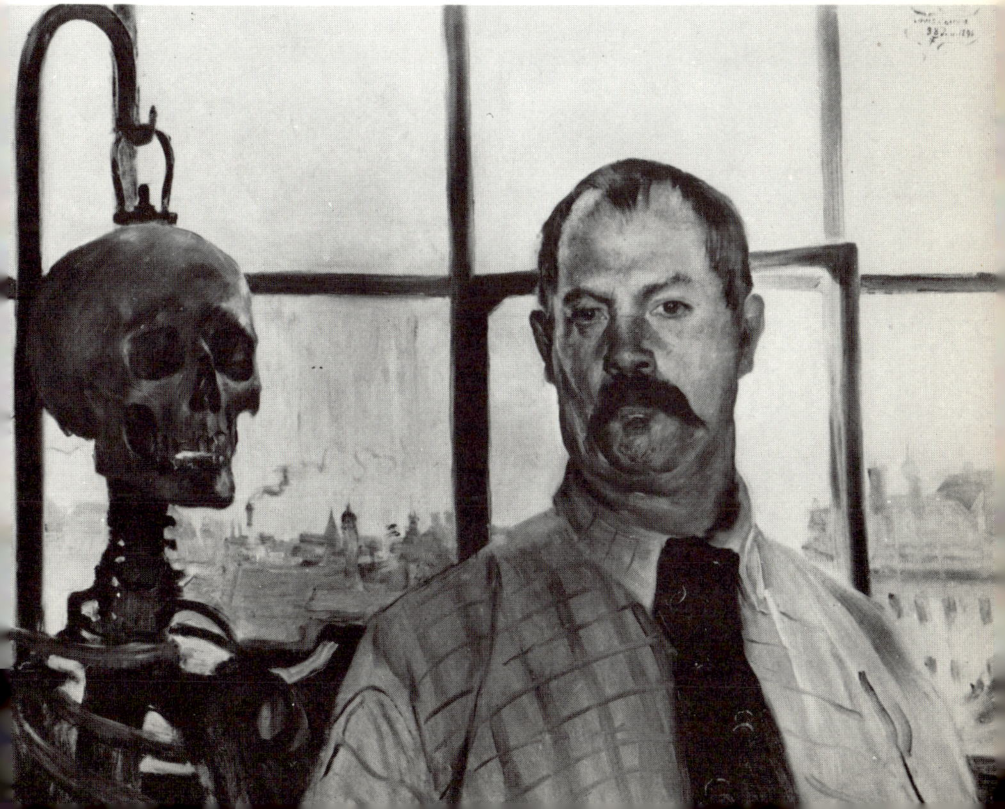

*Gabriele Münter, Bildnis Wassily Kandinsky*

# Kandinskys und Gabriele Münters Romanze in der Friedrichstraße 1

Eine Künstlerromanze erlebt das Haus Friedrichstraße 1 in den Jahren 1902 bis 1904. Im Sommer 1901 zieht der Russe Wassily Kandinsky (1866–1944) ein. Es ist das Jahr, in dem er die Künstlervereinigung »Phalanx« gründet, deren Präsident er wird. In der angeschlossenen Malschule begegnet ihm Anfang 1902 die hübsche, gerade aus Amerika zurückgekehrte Gabriele Münter (1877–1962), die zu ihm zum Abendakt kommt. Kandinsky ist in das unbekümmerte Mädchen, dessen Schönheit die Zeitgenossen mit »frischgefallenem Schnee« vergleichen, so verliebt, daß er nicht mehr von ihr loskommt. Liebe auf den ersten Blick!

Ungeachtet der Tatsache, daß er noch mit seiner Cousine Anja Tschimiakin (seit 1892) verheiratet ist, kauft Kandinsky im Jahr 1903 Ringe und fährt mit seiner Geliebten im Sommer nach Kallmünz (bei Regensburg), wo im August Verlobung gefeiert wird. Bald stellt er sie Bekannten als seine Frau vor. Doch die Ringe werden vorerst nur auf Reisen getragen. Anja treffen die Scheidungsabsichten ihres Mannes tief.

Gabriele Münter, ein Mädchen, das gerne tanzt, reitet und Schlittschuh läuft, fühlt sich in der Friedrichstraße 1 geborgen. Ihr Verhältnis zu Kandinsky ist »für sie das wichtigste und folgenreichste, man darf sagen: das einzige große Ereignis ihres Lebens«, stellt Johannes Eichner, der spätere Lebensgefährte der Künstlerin, fest. Radausflüge ins Alpenvorland und Reisen durch halb Europa machen beide unzertrennlich. Kandinsky redet zärtlich über Gabriele. Er ist auch tief von ihrem Kunstverständnis berührt. »Du hast alles von Natur«, sagt er zu ihr und fährt fort: »Was ich für dich tun kann, ist, dein Talent zu hüten und zu pflegen, daß nichts Falsches dazukommt.«

Für den Künstler selbst sind jene wenigen Jahre in der Friedrich-

straße von großer Bedeutung. »Ich habe zu der Zeit«, so schreibt er Jahre später, »ganz besonders viel gearbeitet, oft bis in die Nacht hinein, wo ich durch völlige Ermattung in der Arbeit unterbrochen wurde und schnell zu Bett gehen mußte.« Jeder Tag, an dem er zu nichts kommt, ärgert ihn. »Bei einigermaßen anständigem Wetter« sucht er sich irgendeinen idyllischen Platz in Schwabing, »das sich damals langsam zu einem Stadtteil Münchens ausbildet«. Es ist die »Zeit der Enttäuschung in der Atelierarbeit«, in der er »besonders viel Landschaften« malt.

Ende September 1904 verlassen Kandinsky und Münter die Stadt. Sie lösen die Wohnung Friedrichstraße 1 auf. Gabriele zieht kurz in ein Pensionszimmer, bevor eine lange Kunst- und Liebesreise angetreten wird. Bei ihrer Rückkunft ziehen beide in das Haus Ainmillerstraße 36. Während des Weltkrieges zerbricht die enge Gemeinschaft. Beide trennen sich ein für allemal am Bahnhof von Zürich. Gabriele zieht nach Murnau, wo sie mit Johannes Eichner zusammenlebt, Kandinsky heiratet 1917 Nina Andrejewski, die Tochter eines russischen Generals.

Als Gabriele Münter das erfährt, ist sie konsterniert. Sie ist rund ein Jahrzehnt unfähig, ein gutes Bild zu produzieren.

*Gabriele Münter im Reformkleid, 1905*

*Lovis Corinth, Bildnis Max Halbe mit Frau (Ausschnitt), 1899*
*München, Städtische Galerie*

# Endstation von Max Halbe: Martiusstraße 6

Die erste Wohnung, die der Dichter Max Halbe (1865–1944) in München findet, ist »ein behaglich möbliertes Zimmer« in der Theresienstraße 5. Das ist 1884. Er zieht dann in die Türkenstraße 49, wo er ein »neues angenehmeres Quartier« und eine neue Liebe findet. Seine letzte Wohnung ist in der Martius-

straße 6. Hier feiert er mit seiner Frau Luise (gestorben 1957) am 18. Januar 1941 das goldene Hochzeitsfest, hier vollendet er sein Leben.
Am Silvestermorgen des Jahres 1936 wird dem 72jährigen zu seinem großen Kummer die Wohnung in der Wilhelmstraße 2 gekündigt. »Am Mittag des gleichen Tages«, so schreibt Halbe, »hatte ich schon eine neue, auch recht schöne Wohnung in der Martiusstraße, also ganz in der Nähe, und noch fünf Minuten kürzer zum Englischen Garten.« Der Dichter ist erleichtert. »Die Wohnung steht leer, und wir können so einziehen, daß wir schon Ostern dort feiern können. Quod felix faustumque fortunatumque sit« (= was glücklich, heilsam und gesegnet sein möge).
Schnell ist umgezogen. »Ich«, so meint Halbe nach seinem Einzug, »habe mich sehr schnell hineingefunden.« Er fügt ironisch hinzu: »Wenn ich mich dereinst in die ewige Seligkeit ebenso schnell hineinfinde, werde ich froh sein.« Die Wohnung hat nur einen Nachteil. Josef Ponten (1883–1940), Verfasser des »Babylonischen Turms« und der Triologie »Volk auf dem Weg«, wohnt in unmittelbarer Nähe. Der unbequeme Herr lauert ihm täglich beim Spaziergang in den Englischen Garten auf, was Halbe um so unerwünschter ist, »als er sich von seiner Arbeit erholen oder auf sie sammeln, nicht aber auf Pontens Werke abgelenkt werden« will, berichtet Halbes jüngerer Freund Herbert Günther in seinem Erinnerungsbuch »Drehbühne der Zeit«.
Sonst ist Halbes Haus ein sehr gastfreundliches. Schauspieler, Politiker und Maler geben sich ständig die Türe in die Hand, erzählt seine Tochter Annaluise, die nach dem Tode des Vaters Mieterin der Wohnung ist. Besonders viele Gäste aus Berlin machen beim Dichter, der allgemein »König von Schwabing« genannt wird, Zwischenstation, »wenn sie im Sommer ins geliebte Italien fahren«.
In der Martiusstraße 6 verfaßt Halbe seinen letzten Roman. Inhalt: Barockes Danzig mit der Person Martin Opitz (1597 bis 1639) im Mittelpunkt. 1942 ist er zu einem Drittel fertig. Mehrfach schreibt Halbe: »Ich bin selbst neugierig, was noch daraus

wird.« Doch die Luftangriffe auf München erschweren die Arbeit beträchtlich. Am 4. Februar 1944 klagt er: »Diese Zeit ist so diffus, besonders die letzten Monate waren es mit ihrer täglichen Bedrohung durch Luftangriffe, daß man kaum noch die nötige Sammlung zur eigentlichen und richtigen Arbeit aufbringt.«
Der Roman ist sein »Schmerzenskind«. Halbe fühlt, daß er im Wettrennen mit dem Tode schreibt. 350 druckfertig vorliegende Seiten umfaßt das Werk im Herbst 1944 schon. Doch die Kälte des Winters und die Kapitulation des Frühjahrs bleiben Halbe erspart. Er stirbt am 30. November 1944.
Kurz vor seinem Tod wird er in München noch einmal geehrt und gefeiert. Er erlebt in den Kammerspielen eine Neuinszenierung seiner »Jugend«. Sein Kommentar dazu: »Ich hatte mir immer gewünscht, im Alter zu einer einigermaßen gerechten und möglichst allgemeinen Anerkennung zu gelangen.« Der Wunsch wird wahr, und Halbe erklärt: »Das hat sich ja wohl erfüllt, und ich habe alle Ursache, dem Schicksal dankbar dafür zu sein.«

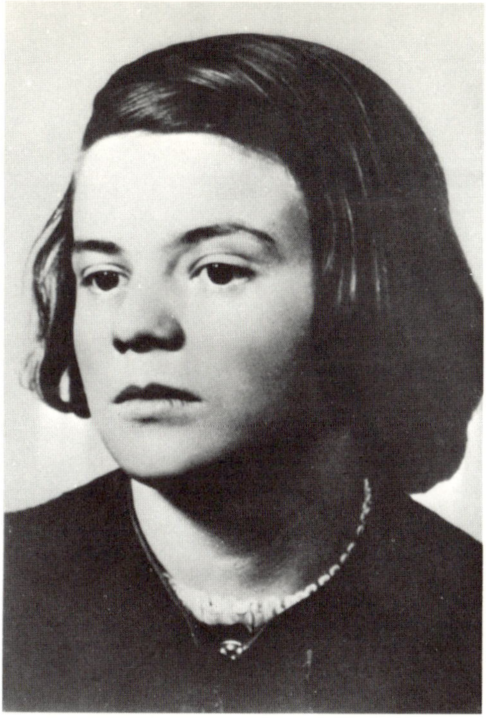

*Sophie Scholl*

*Hans Scholl*

# Die letzten Tage der Geschwister Scholl in der Franz-Joseph-Straße 13

»Freiheit und Ehre! Zehn Jahre haben Hitler und seine Genossen die beiden herrlichen deutschen Worte bis zum Ekel ausgequetscht, abgedroschen, verdreht, wie es nur Dilettanten vermögen, die die höchsten Werte einer Nation vor die Säue werfen.« Das ist ein kleiner Auszug des letzten Flugblatts, das die Geschwister Sophie und Hans Scholl, beide Studenten der

Münchner Universität, in ihrer Wohnung in der Franz-Joseph-Straße verfassen.

Die 21jährige Sophie und der 24jährige Hans gehören zu den mutigsten Vertretern der deutschen Widerstandsbewegung. Sie wissen, daß sie sterben müssen, wenn man sie erwischt. Es wird auch lange und breit in der Wohnung diskutiert und überlegt, ob sich der Einsatz lohnt. Doch die Katastrophe von Stalingrad, die rund 300000 Menschenleben forderte, räumt die letzten Bedenken beiseite. Die Widerstandsaktion läuft. Nervös wartet Sophie eines Abends auf ihren Bruder. Es ist schon tiefe Nacht. Da sie von zu Hause ein Lebensmittelpaket erhalten hat, will sie ein kleines Festessen veranstalten. Der Bruder kommt aber nicht. Besorgt legt sie sich nieder.

Ihre Befürchtungen bestätigen sich nicht. »Wir haben eine großartige Überraschung für dich«, erklärt ihr Hans am nächsten Tag. »Wenn du durch die Ludwigstraße gehst, wirst du ungefähr siebzigmal die Worte ›Nieder mit Hitler‹ passieren müssen.« Willi Graf (1918–1943) und Alexander Schmorell (1917 bis 1943) sind dabei und wärmen sich jetzt im Gartenhaus der Franz-Joseph-Straße 13 auf.

Am anderen Morgen verläßt Sophie früher als sonst ihr Zimmer. Überall in der Ludwigstraße sieht sie die Aufschrift »Nieder mit Hitler«. Reinigungstrupps versuchen bereits, die Wände zu säubern. Russische Frauen, die zur Zwangsarbeit nach Deutschland geholt wurden, merzen das Wort »Freiheit«, das über dem Universitätseingang steht, mit Bürste und Sand aus.

Sofort wird ein neues Flugblatt in dem Gartenhaus entworfen. Am 18. Februar 1943 eilt das Geschwisterpaar »vergnügt und guten Muts«, wie seine Schwester Inge in ihrem Buch die »Weiße Rose« schreibt, mit einem Koffer voller Flugblätter zur Uni. Kaum haben sie ihr Gartenhaus verlassen, kommt ein Freund, der sie warnen will. Er trifft die Scholls nicht mehr an.

Dieser Tag wird für die beiden zum Schicksal. Sie legen die Flugblätter in der Uni aus und schütten fahrlässigerweise den Rest vom obersten Stock in den Lichthof. Der pedantische Pedell, der unglücklicherweise davon erfährt, alarmiert sofort

die Gestapo. Auf den Flugblättern steht: »Der deutsche Name bleibt für immer geschändet, wenn nicht die deutsche Jugend endlich aufsteht, rächt und sühnt zugleich.«
Die Rache gegen die Nazis gelingt nicht. Roland Freisler (1893 bis 1945) tobt während der Verhandlung des Volksgerichtshofs. Zusammen mit Christoph Probst (1919–1943) werden die Geschwister Scholl am 22. Februar 1943 enthauptet. »Es lebe die Freiheit«, schreit Hans Scholl, ehe er sein Haupt auf den Block legt. Graf und Schmorell werden ebenfalls hingerichtet. Die Presse schreibt von verantwortungslosen Einzelgängern, die sich automatisch aus der Volksgemeinschaft ausgeschlossen hätten.

*Von links nach rechts: Eduard Thöny, Bruno Paul, Ferdinand von Reznicek, Rudolf Wilke*

# »Simplicissimus«-Zeichner in der Franz-Joseph-Straße 18

Ein ausgelassenes Künstlerleben führen in den ersten Jahren nach der Jahrhundertwende die »Simplicissimus«-Zeichner Eduard Thöny (1866–1950), Ferdinand von Reznicek (1868–1909) und Rudolf Wilke (1873–1908) im Haus Franz-Joseph-Straße 18. »Im zweiten Stockwerk wohnt Reznicek allein, im dritten aber, der eine rechts, der andere links, Thöny und Wilke«, berichtet Luigi von Buerkel (1877–1946) in seinen Erinnerungen. Neben

der Liebe zur Karikatur haben die drei noch eines gemeinsam: Sie sind Nachtfalter, die beim Morgengrauen erst ins Bett gehen und dementsprechend spät aufstehen.
Alle drei arbeiten für den »Simplicissimus«, so daß sie fast täglich mit Ludwig Thoma (1867–1921) zusammenkommen, wie dieser selbst in seinen Erinnerungen erzählt. Thöny, ein geborener Südtiroler und »blendender Zeichner« (Gulbransson), der »geniale Rudolf Wilke« (René Prevot), ein Braunschweiger, und der Wiener Reznicek, ehemals k. u. k. Kavallerieoffizier, erfreuen immer wieder die Abonnenten der satirischen Zeitschrift, die bald großen Wert auf die Mitarbeit des Trios legt. »Das Größte, was wohl je an grotesker und taktvoller anatomischer Karikatur gezeichnet« wird, so urteilt Theodor Heuss, kommt »aus der Hand unseres Rudolf Wilke«, ein Meisterdarsteller sonderbarer Typen und Landstreicher. Berühmt ist seine Karikatur »Der sterbende Münchner«. Der Todkranke flüstert seinem Freund zu: »Schorschl, bal i dös Mal mit dem Leb'n davokomm, nacha geh' i aa amal in d' Pinakothek.«
Reznicek, selbst ein glühender Frauenverehrer und »empfänglich für jede heitere Stimmung« (Ludwig Thoma), bringt mit seinen erotischen Motiven eine bis dahin unbekannte Note in den »Simplicissimus«. Frau im Fasching, das ist sein großes Thema. »Nicht zu stürmisch«, sagt eine hübsche Dame zu ihrem Galan im Séparée, »Ihre Leidenschaft kann meinetwegen alles ruinieren, bloß nicht meine Robe.« Ganz München lacht über seine frivolen und leichtgeschürzten Frauengestalten.
Daß das Haus Franz-Joseph-Straße 18 bald »einen denkbar schlechten Ruf« (Buerkel) erhält, hat es Ludwig Thoma zu verdanken. Wilke bestellt nämlich einmal nach einer Redaktionssitzung in Stuttgart einen großen Schrank, der von den Transportmännern dicht vor die Wohnungstür gestellt wird, wo er »Jahr und Tag« den Eingang versperrt. Obwohl sich viele an dem Kasten stoßen, empfindet Wilke selbst, »der Typ des unverbesserlichen Junggesellen«, dieses Hindernis »durchaus nicht als Störung«. Er zwängt sich jedesmal zwischen Möbel und Mauer in seine Wohnung.

Thoma schreibt eines Tages an alle Münchner Spediteure eine Postkarte, worauf er sie bittet, an einem bestimmten Tag um 9 Uhr früh bei Wilke »wegen eines Möbeltransportes vorzusprechen«. Am fraglichen Tag ist im Haus ein richtiges Durcheinander. »Einer nach dem anderen«, so berichtet Buerkel, »keucht die drei Treppen herauf, jeder einige Federhalter in der oberen Rocktasche und eine dicke Mappe unterm Arm.« Wilkes Glocke ist ständig in Betrieb. In der Wohnung rührt sich aber lange nichts. Der Meister schläft tief. »Die Herren außen sahen den immer neuen Zulauf, die ersten, die Männer der Konkurrenz wohl erkennend und damit die geringe Aussicht, zu einem Geschäft zu kommen, zogen schon wieder ab.« Aber neue Spediteure erscheinen, so daß das Haus nie leer ist.

Endlich erwacht Wilke. Im Nachthemd erscheint er in der Türe und schaut hinter dem Schrank hervor. Nach kurzem Überlegen holt er einen Besen, den er drohend zu schwingen beginnt. Sogleich nimmt »die ganze Gesellschaft, von Angst gepackt, Reißaus«, und »ein Knäuel von Menschen wälzt sich die Stiege hinunter«.

Wilke hat auch die Gewohnheit, nie eine Rechnung zu bezahlen. Wenn jemand von ihm Geld will, pflegt er zu sagen: »Das ist ein Stockwerk tiefer, aber fest läuten, der schläft noch.« Dort wohnt Reznicek, der jedesmal verschlafen in der Tür erscheint – »und, ohne die Augen recht zu öffnen, die Rechnungen für die anderen bezahlt«.

Die Zeit des Zusammenlebens in der Franz-Joseph-Straße 18 ist nur kurz. Wilke und Reznicek sterben früh, Wilke am 4. November 1908, erst 35jährig, Reznicek am 11. Mai 1909, erst 41 Jahre alt. Letzterer bittet den Arzt, ihm nach seinem Tod das Herz mit einer Nadel (es ist die Hutnadel seiner Freundin) zu durchstechen. Das Ableben beider Karikaturisten bedeutet einen »harten Schlag« (Ludwig Thoma) für den »Simplicissimus«, Thoma bezeichnet beide als »unersetzlich«. Nur Thöny, der älteste der drei Zeichner, erreicht ein hohes Alter. Er findet in Holzhausen am Ammersee eine neue Heimat, wo er mit über 84 Jahren stirbt.

*Stefan George*

# Stefan George und Karl Wolfskehl in der Römerstraße 16

Um 1909 ziehen die beiden Dichterfreunde Stefan George (1868–1933) und Karl Wolfskehl (1869–1948), die sich schon seit 1893 kennen und verehren, in das Haus Römerstraße 16, ein Mekka für Ästheten und Asketen unter den Schwabinger Geistern. Hier diskutieren und dinieren die Sensiblen. Unter ihnen ist das sogenannte Kugelzimmer in der Dachwohnung

*Karl Wolfskehl*

Georges genauso bekannt wie die Ateliers der großen Maler. Wer in der Römerstraße 16 ein- und ausgehen darf, kann sich wie geadelt fühlen. »Was Lenbach diesseits des Siegestors gewesen ist«, so schreibt Georg Fuchs, der Leiter des Künstlertheaters, das ist Stefan George »jenseits dieser Januspforte deutscher Geistigkeit.« Und der Maler Rolf von Hoerschelmann, der »heimliche König von Schwabylon« (René Prevot), meint, in der Römerstraße 16 mische sich Glanzvolles mit Skurrilem. Insbesondere fällt ihm die »Bevorzugung schöner, ernster Jünglinge« auf.

Hans Brasch (1892–1950) besucht George kurz vor Ausbruch des Ersten Weltkrieges und schildert die Atmosphäre der Dachwohnung. »Auf ein bestimmtes Klingelzeichen tat er mir selbst auf. Auch hier war seine Umgebung karg und eher strengeinfach als üppig und mystisch.« Im Arbeitszimmer befinden sich schmale lehnenlose Sitzbänke. »Der Raum wurde das Kugelzimmer genannt, weil er von einer Mitte hängenden Milchglaskugel beleuchtet wurde. Diese einfache sonnenartig im Raum hängende Lampe war damals etwas ganz Fremdes; seitdem ist sie eine allgemeine Beleuchtungsform geworden.«
Dieses Kugelzimmer ist in München so berühmt, daß junge Talente hier ihren Ritterschlag zu erhalten hoffen und die wenigen Auserwählten noch bis zu ihrem Tode immer wieder von den Gesprächen in ihm schwärmen. Der Literat und Wirtschaftswissenschaftler Robert Boehringer (1883–1974) berichtet: Im Gang muß jeder Besucher seine Straßen- gegen Hausschuhe eintauschen, damit die Strohmatte des Kugelzimmers nicht beschmutzt wird. Kommen Freunde zum Essen, so rückt man den »schlichten quadratischen Tisch« vor die Bänke und stellt eine dritte Bank dazu. »Diejenigen, die dabei gewesen sind, haben das Kugelzimmer als etwas Nicht-Gewöhnliches in Erinnerung behalten, und nach 40 Jahren noch denke ich daran als an einen Raum seltener und dichterischer Tage«, berichtet Boehringer.
Wenn der stattliche Wolfskehl die Treppen hochkommt, ist das Kugelzimmer für seine »mächtige Gestalt fast zu eng und zu niedrig«. Es fehlt in Georges Wohnung ein »Raum zum Ausschreiten im Gespräch«. Wolfskehl muß »stehend, oder halb liegend auf der Bank, vorbringen, was heraus wollte«.
Der George-Kreis ist eine selbstbewußte geistige Gemeinschaft, die sich stets als Elite fühlt. Man liest Rilke, Stefan Zweig, Thomas Mann und diskutiert über »Dichtung und Plastik, Deutsches und Römisches, Erziehung und Freundschaft«. George selbst hat auf seine Schüler – »lauter zarte Blüten« (Hermann Sinsheimer) – einen ungewöhnlichen, fast übernatürlichen Einfluß. Er tritt nie öffentlich auf und lehnt sogar die

Bitte Hugo von Hofmannsthals (1874–1929), einen offenen Brief gegen einen deutsch-englischen Krieg zu unterzeichnen, entschieden ab. Sein Reich ist in einer anderen Welt.
Als George 1914 und Rilke 1919 München verlassen, ist Wolfskehl einer der bekanntesten Schriftsteller Schwabings. Von nun an sucht der Nachwuchs bei ihm Halt und Bestätigung. Das Haus Römerstraße 16 bleibt somit nach wie vor ein Zentrum des Künstlerviertels im Norden der Stadt – »einer der gesuchtesten, geistig anregendsten, farbenreichsten Treffpunkte«, wie Emil Preetorius sagt. Heute ist es ein normales Schwabinger Mietshaus.

# Rilkes letzte Wohnung in Deutschland: Ainmillerstraße 34

»Jetzt kann die Zukunft beginnen«, ruft Rainer Maria Rilke (1875–1926) begeistert aus, als nach dem Ersten Weltkrieg der Waffenstillstand geschlossen wird. Er wohnt erst kurz mit seiner alten Jugendfreundin Lou Andreas-Salomé (1861–1937), die er seit 1896 kennt und liebt, im Haus Ainmillerstraße 34 und erhofft sich ein geruhsames und gerechteres Leben.

Er liest Lou Bruchstücke der Elegiendichtung vor und schwärmt mit ihr von den alten herrlichen Zeiten in Rußland und den Landferien in Wolfratshausen. Später schreibt Lou über Rilke: »War ich jahrelang Deine Frau, so deshalb, weil Du mir das erstmalige Wirkliche gewesen bist, Leib und Mensch ununterscheidbar eins, unbezweifelbarer Tatbestand des Lebens selbst.«

Während des Aufenthalts in der Ainmillerstraße geht der Erste Weltkrieg zu Ende, die Revolution bricht aus, und die Räterepublik beginnt anschließend mit ihrer Herrschaft. Rilke begrüßt zwar zunächst die Revolution in München als die »Überwindung von Mißbräuchen zugunsten der tiefsten Tradition«. Aber bereits am 19. Dezember 1918 verläßt er seine Wohnung in der Ainmillerstraße mit einem Brief, in dem zu lesen ist, daß »von hier« nichts Erfreuliches zu berichten ist. »Unter dem Vorwand eines großen Umsturzes arbeitet die alte Gesinnungslosigkeit weiter.«

Rilke ist an den Geschehnissen in der Stadt wie kein zweiter interessiert. Er geht sehr oft zu den großen Versammlungen. »Manchmal begleitete ich ihn nachts bis zu seiner Wohnung in der Ainmillerstraße«, schreibt Oskar Maria Graf (1894–1967) in seinen Erinnerungen. Da gibt es dann lange Diskussionen »über das, was kommen könnte oder über die Revolution«.

*Rainer Maria Rilke*

Nach der Niederwerfung der Räterepublik durch die »Weißen« geht es Rilke schlecht. Man weiß, daß er mit Kurt Eisner (1867–1919) und Ernst Toller (1893–1939) in Verbindung stand. Kriminalbeamte und Soldaten dringen gewaltsam in seine Wohnung ein und werfen mit einer Rohheit alles durcheinander, daß Rilke nach den Aussagen von Zeitgenossen »nach diesem Geschehen zurückbleibt wie auf einem Schlachtfeld, dessen Verwüstung sich bis in sein Herz hinein erstreckte«.
Der Grund ist einfach zu erklären. Die Polizei findet in der Wohnung von Toller ein Schreiben Rilkes, in dem zwar lediglich eine literarische Frage diskutiert wird, das aber in den Augen der »Weißen« schon einem Kapitalverbrechen gleichkommt. Auch vermutet man anfänglich, daß sich Toller bei ihm in der Ainmillerstraße aufhält. Rilke hat großes Glück, daß ihm sonst nichts passiert. Die Gefängnisse sind überfüllt. So muß er jeden Tag von seiner Wohnung zur Polizei gehen und sich melden. Er ist München leid. Schon am 29. März 1919, einen Monat vor dem Ende der Räterepublik, schreibt er an Veronika Erdmann: »Ich freue mich, daß Sie die Münchner Luft als eine befreiende atmen; mir ist sie nichts weniger als dies; zu lange schon mache ich Atemübungen in ihr und zu sehr gegen meinen Willen. Ja, mein Fenster wäre ja groß genug, von drüben erkannt zu sein, aber ob ich auch das Ihrige fände? Ich sehe nur Dächer.«
Rilke verläßt bei der nächstbesten Gelegenheit seine Wohnung in der Ainmillerstraße. Es ist Juni 1919. Mit dem Zug – eine schöne junge Frau begleitet ihn – reist er in die Schweiz. Der tödlich Beleidigte kommt nie wieder nach München, nie mehr nach Deutschland. Am 6. August schreibt er aus Soglio (Graubünden): »Nun, Sie können sich denken, daß es mir nötig war, von München fortzukommen: wirklich und handgreiflich hat man ja nicht zu arg zu leiden gehabt, aber fürs Gefühl war es eine unbeschreibliche und, was das Schlimmste war, schließlich vergebliche Spannung nach allen Seiten.« Er vergißt und verzeiht schnell. Mit keinem Wort erwähnt er die Schikanen, die er in der Ainmillerstraße erdulden mußte.

## Lenin als »Meier« in der Kaiserstraße 46

Vom September 1900 bis zum April 1901 denkt ein Russe in der Kaiserstraße darüber nach, wie das russische Kaiserreich aus den Angeln zu heben ist. Das Haus in der Kaiserstraße 46 in Schwabing ist der Ort, an dem die Schrift »Was tun?«, die »Fibel der Revolution«, begonnen wird, in dem ein Mann Tag und Nacht darüber nachgrübelt, mit welchen Mitteln und Methoden in Rußland Herrschaft und Herrlichkeit der Zaren zu stürzen sind. Wladimir Iljitsch Uljanow, genannt Lenin (1870 bis 1924), ist der Mann, der unter dem Pseudonym »Meier« mitten in Schwabing die Strategie der großen Revolution entwirft und damit das Signal für alle europäischen Revolutionen im Jahr darauf gibt.

1900 kommt Lenin von Stuttgart nach München, wo er eine

Geheimdruckerei für sein Agitationsblatt »Iskra« (= Funke) findet. Selbstverständlich meldet er sich nicht bei der Polizei an. Unterschlupf findet er im Hinterhofzimmer des Hauses Kaiserstraße 46 (damals 53) bei dem Sozialdemokraten Georg Rittmeyer, der die Wirtschaft »Zum Onkel« führt. Lenins Frau, Nadeshda Krupskaja, die im Frühjahr 1901 nach München kommt, findet ihren Mann in einem »ärmlichen Zimmer«, wo er »wie ein Junggeselle« lebt. In ihren »Erinnerungen an Lenin« berichtet sie, daß er von einer Frau verköstigt wird, »die ihm dauernd Mehlspeisen vorsetzt«. Der Tee wird aus einem Blechnapf getrunken.

Auch Valeriu Marcu beschreibt in der ersten Lenin-Biographie die Schwabinger Idylle: »Das Fenster seiner Stube führt auf einen Hof, dessen Mauern sich traurig anschauen und sich ihre Häßlichkeit zum Vorwurf machen.« Lenin hört während der Arbeit »schreiende« Kinder und »tüchtige« Münchnerinnen, die »lärmend die muskulöse Kraft ihres Daseins beweisen«.

In dem Parterrezimmer findet Lenin die taktische Formel, die ihm 16 Jahre später in Rußland Erfolg und Ehre bringt. Er warnt einerseits, allzusehr dem Terror zu vertrauen. Wichtiger ist das Bündnis zwischen den »revolutionären Organisationen« und den »zersplitterten Massen der Unzufriedenen, Protestierenden und Kampfwilligen«. Ein Rezept, das in der Geschichte immer gewirkt hat.

Um diese Allianz zu erreichen, ist eine Zeitung unentbehrlich. Klipp und klar stellt er fest, daß seine »Iskra« nicht nur Ideen zu verbreiten hat, sondern die Revolution organisieren muß. Der Funke springt tatsächlich von München nach Moskau und Petersburg über. Eingewickelt in »harmlose Umhüllungen«, versteckt in Koffern mit doppeltem Boden erreichen die Münchner Manuskripte russisches Territorium. Mitglieder der deutschen Sozialdemokratie unterstützen den Schmuggel.

Wie überall lernt Lenin auch in München und seiner näheren Umgebung (Lenin ist ein Naturfreund) Elend und Armut der Einwohner kennen. Sein Gastwirt Georg Rittmeyer, den uns Lenins Frau als einen »dicken Bayern« schildert, läßt sehr oft

seinen Betrieb stehen und klagt im Zimmer des Russen, »wie rar das Geld, wie roh die Zeit, wie stark die Konkurrenz und wie notwendig der Sozialismus sei«. Lenin wird von solchen Gesprächen in seiner revolutionären Auffassung bestätigt. Ihn fasziniert dann um so mehr sein neues Weltbild. »Man muß träumen können«, schreibt er in »Was tun?« und sieht den Tag der großen Revolution in seiner kleinen Stube vor Augen. Lange bleibt Lenin nicht in seinem erbärmlichen Zimmer in der Kaiserstraße. Bald nach Ankunft seiner Frau Nadeshda Krupskaja kündigt er im April 1901 seine Unterkunft.

Nach der Revolution in Bayern (1918) ist Lenin sicher, daß er einen weltweiten Erfolg erzielt hat. Er will von den Münchner Räten unter anderem wissen, ob sie »die Bourgeoisie gezwungen haben, weniger Raum zu bewohnen zwecks sofortiger Einführung der Arbeiter in reichen Wohnungen«. Sein Optimismus gipfelt in dem Satz: »Wer die Mariensäule in München hat, der hat Europa.« Er täuscht sich. Bald weiß man in Rußland über Bayern nicht mehr zu berichten als die knappe Charakterisierung: »Kleines diebisches Bergvolk.«

# Der Mann mit der roten Weste im Haus Kaiserplatz 5

Ein »Urtyp« Schwabings vor dem Ersten Weltkrieg ist nach Auffassung seiner Zeitgenossen der österreichische Schriftsteller Roda Roda (1872–1945), der von 1910 bis 1913 in dem vornehmen Haus Kaiserplatz 5 wohnt. Er sitzt zwar gerne daheim und schreibt skurrile Geschichten, die in verschiedenen Zeitungen und Zeitschriften erscheinen, andererseits aber eilt er oft in ein Wirtshaus, am liebsten ins Café »Stephanie«, wo er stundenlang mit seinen Freunden Schach spielt.

Schach, das ist seine große Leidenschaft. Er bezeichnet es einmal als »ein vornehmes Spiel« und fährt fort: »Ich atme die hocharistokratische Atmosphäre des Schachs gern – der arme Hund freut sich, wenigstens hier auf dem Brett Schiebungen vornehmen zu dürfen mit Bischöfen, Königen und Damen.«

Als Roda Roda 1910 in das Haus Kaiserplatz 5 einzieht, hat er eigentlich seinen literarischen Zenit schon überschritten, sagen die Kenner des damaligen Schwabing. Sein berühmtestes Werk »Der Feldherrnhügel« ist bereits geschrieben. Dennoch verfaßt er weiter Anekdoten, Humoresken, Schwänke und hintergründige Geschichten, die auch heute noch in verschiedenen Taschenbüchern nachzulesen sind.

Die wohl treffendste Charakteristik Roda Rodas stammt aus der Feder von Hermann Sinsheimer. Er meint: »Dieser große, schwere Mann war ein Stubenhocker, ein unermüdlicher Bastler am Wort und an der Pointe, ein fast zärtlicher Liebhaber von kuriosen Begebnissen, Dingen und Menschen. Wo er auftauchte mit seiner roten Weste, bildete sich ein Kreis um ihn.«

In der Tat, sein ständiges Kleidungsstück ist eine rote Weste. Eher ist München ohne die Frauenkirche vorstellbar als Roda Roda ohne dieses sein Kleidungsstück, sagt man damals in München. Für die Bewohner des Kaiserplatzes ist er sehr schnell eine Berühmtheit, zu der insbesondere die Kinder bewundernd aufblicken.

*Alexander Roda Roda*

Doch nicht nur die Schwabinger kennen ihn, den ehemaligen k.u.k. Offizier, der von 1892 bis 1903 Kaiser Franz Joseph dient, nein, auch er kennt die Schwabinger und Münchner sehr gut. Sein kleiner Aufsatz »Xaver Huber und seine Münchner Heimatkunde« pointiert das Verhältnis zwischen Schwabing und München. »Während die Menschen die innere Stadt München bevölkern, dann Bogenhausen, Giesing, Gern und Nymphenburg – halten sich Preißen und Schlawiner am liebsten in Schwabing auf, im Norden, wo man bei Nacht aus den schwarzen Dächern die Orgien schon von weitem herauskennt an den beleuchteten Atelierfenstern. Die Schlawiner und Preißen reden untereinander russisch, kaukasisch und schottisch, es ist eine große Sprachenverwirrung, darum heißt der Stadtteil Schwabylon, und was dort vorgeht, davor muß sich die Jugend und der Bürger hüten, überhaupts ist das nördlich vom Siegestor gar kein Bayern nicht, sondern es ist schon mehr Preißen.« 1913 verläßt Roda Roda das Haus Kaiserplatz 5. Noch viele Stationen kennt sein Leben, bis er am 20. August 1945 im New Yorker Exil, 73jährig, stirbt.

# Max Reger komponiert in der Viktor-Scheffel-Straße 10

Am 11. April 1905 zieht Max Reger (1873–1916) mit Frau und Hund in das Haus Viktor-Scheffel-Straße 10 in Schwabing ein. (Das Gebäude, das während des Krieges teilweise zerstört wurde, ist wieder restauriert.) Hier in München gelingt dem in der Oberpfalz geborenen Meister der endgültige Durchbruch. Von seinem Haus aus macht er die großen Konzertreisen, die ihn durch halb Europa führen. Hier vollendet er seine »Symphonietta«, hier wird er »von Klangvisionen heimgesucht, wie sie grandioser, farbiger, sinnenerregender kaum noch erschaut werden konnten« (Walter Panofsky).

Dabei hat er in München nichts als Ärger. Stöhnend liest ihm seine Frau Elsa die schlechten Kritiken in den »Münchner Neuesten Nachrichten« vor. Abgeschlafft kehrt er fast täglich in sein Heim, denn an der Akademie der Tonkunst bringt man ihn zur Verzweiflung und schließlich zu Fall. Seine Kollegen »sind mir ins Gesicht natürlich sehr höflich, sollte hinter meinem Rücken intrigiert werden, so würde ich unverzüglich die Sache sofort dem Kultusministerium übergeben«, schreibt Reger im Mai 1905.

Er resigniert, aber schneller als erwartet. Am 20. Februar 1906 reicht er, der ständigen Quengeleien und Querelen überdrüssig, um seinen Abschied ein. Er will keine Kompromisse, sondern komponieren. Viele seiner Schüler verlassen daraufhin mit Reger die Akademie und folgen ihm in die Viktor-Scheffel-Straße, wo von nun an der Unterricht stattfindet. Trotzdem kann sich der »Freiherr«, wie sich Reger im Mai 1906 selbst nennt, wieder mehr dem Komponieren widmen.

Reger, der gerne und viel trinkt, ist ein immens fleißiger Mann. Wenn er nicht gerade auf Tourneen ist, sitzt er bis 11 Uhr abends Tag für Tag in seinem Arbeitszimmer, von dem der Schriftsteller Hans Brandenburg behauptet, es sei »unglaublich spießig« eingerichtet. Reger aber steckt in diesen Münchner

Jahren »tief, tief in Arbeit und Concerten«. Er ist immer in »gräßlicher Eile«, sieht zeitweise seine Frau Elsa überhaupt nicht und ist im übrigen »so sehr von Konzerten überladen«, daß er seinen Arbeitsplan nicht einhalten kann. Allein im Dezember 1905 ist er »16 Nächte auf der Eisenbahn« und dann zu Hause »so müde, daß ich kaum den Schlaf erwehren kann«. Dazu ist er »so schrecklich mit Korrespondenz« eingedeckt. Die Arbeit nimmt ihn so sehr mit, daß er im Frühjahr 1906 wegen eines Handleidens fast gänzlich handlungsunfähig ist. Er sitzt lange in seiner Schwabinger Wohnung herum, ohne sich nützlich machen zu können. Am 2. Mai berichtet er seinem Leipziger Freund Karl Straube: »Endlich kann ich Dir mal schreiben, nachdem mir etwas Schreiben mit der rechten Hand erlaubt ist. Mir geht es langsam, doch stetig besser! Allerdings warnt der Arzt, der immer noch kommt, sehr vor Überanstrengung! Er fürchtet, es könne sich Schreibkrampf einstellen, wenn ich jetzt nicht die Hand ordentlich kuriere. Deshalb kann ich auch nächsten Sonnabend nicht in Paris spielen.«
Kaum verringern sich die Besuche des Doktors, mehrt sich die Arbeit wieder. Im Winter reist Reger in die russische Hauptstadt, wo er sich eines großen Ruhms erfreuen kann. Die Schüler holen ihn in seiner Wohnung ab und geleiten und begleiten ihn zum Bahnhof. Einer von ihnen äußert die Befürchtung, daß der Meister in Petersburg ausgepfiffen wird. »Herr Reger, geben Sie nur Obacht, daß der Saal nicht voller Bomben ist.« Der so Angesprochene antwortet schlagfertig: »Wenn nur der Saal bombenvoll ist.«
Nach der Heimkehr von Petersburg fährt Reger total erschöpft in die Viktor-Scheffel-Straße. Er schreibt am 7. März 1907: »Ich habe in den letzten drei Wochen nicht mehr gewußt, was ein Bett eigentlich ist, da ich jeden Abend Konzert hatte und immer nachts reisen mußte; solche Tourneen kosten einem Unsummen von Nervenkraft.«
Bei der Rückkehr trifft die Bestätigung des sächsischen Königs zu Regers einstimmiger Wahl zum Leipziger Universitätsmusikdirektor ein. Der Komponist will nicht mehr an der Isar

bleiben. Er schreibt: »Man hat es mir in München nicht derart gemacht, daß ich mit Schmerzen wegginge.« Fast überall in Europa hat man ihm zugejubelt, nur hier nicht. Erleichtert steigt er in den Zug nach Leipzig. »Wir haben jetzt tolle Tage hinter uns; die Einpackerei war recht unangenehm«, das sind seine letzten Zeilen, die er in seiner Wohnung schreibt. Seiner Frau Elsa kommt der Abschied von München allerdings »bitter schwer« an. Freunde und Feinde, die in München zurückbleiben, sehen mit Stolz und Staunen Regers Erfolge in Leipzig und später in Meiningen als Leiter der dortigen Hofkapelle.
Seit 1974 hat im Reger-Haus in Schwabing der Bachchor sein Domizil.

# Heinrich Manns Münchner Jahre in der Leopoldstraße 59

Von 1914 bis 1928 wohnt Heinrich Mann (1871–1950) in der Leopoldstraße 59, »gegenüber der Schwabinger Brauerei, deren süßer Malzgeruch und sonntägliche Blechmusik in die Fenster« dringt, wie sein jüngerer Bruder Viktor (1890–1949) in seinen Erinnerungen (»Wir waren fünf«) erzählt. Heinrich heiratet zum Zeitpunkt seines Wohnungsumzugs die junge Schauspielerin Maria Kanova (1886–1946), genannt Mimi, aus Prag, die er bei den Berliner Proben zu seinem Stück »Die große Liebe« kennenlernt.

Ebenso wie sein Bruder Thomas (1875–1955), der drüben in Bogenhausen residiert, gehen auch hier bedeutende Persönlichkeiten ein und aus. Es gibt »immer eine buntgemischte und vielseitig interessante Gesellschaft«. Zu Heinrich Manns Gästen gehören Erich Mühsam, Max Oppenheimer, Gustl Waldau, Tilly Wedekind, Arthur Schnitzler, Max Brantl sowie die Schauspielerin Ida Roland und ihr Ehemann Graf Coudenhove, ein Paar, das, nach Meinung Viktor Manns, »geistigen Adel mit körperlicher Schönheit in seltenem Maße vereinigt«.

Bruder Thomas gehört in den ersten acht Jahren nicht zu den Gästen des Hauses. Es ist nämlich die Zeit des Bruderzwistes im Hause Mann. Thomas und Heinrich meiden einander. Der Verfasser der »Buddenbrooks« lehnt es sogar ab, zu Heinrichs Hochzeit zu erscheinen. Plötzlich wird Heinrich zu Beginn des Jahres 1922 schwer krank. Er muß im Krankenhaus operiert werden. »Meine Frau besuchte die seine«, schreibt Thomas am 2. Februar an Ernst Bertram. An Heinrich schickt er Blumen und ein Briefchen: »Es waren schwere Tage, die hinter uns liegen, aber nun sind wir über den Berg und werden besser gehen – zusammen, wenn Dir's ums Herz ist, wie mir.« Heinrich geht auf dieses Friedensangebot ein und äußert seinerseits den Wunsch, daß sie sich einander »nie wieder verlieren«. Als der Kranke wieder in die Leopoldstraße 59 zurückgebracht

wird, steht Bruder Thomas vor ihm. »Freudig bewegt, ja abenteuerlich erschüttert«, so Thomas selbst, sieht er Heinrich in die Augen.
Bald findet eine offizielle Feier in der Leopoldstraße statt. Mimi, die die drei Brüder noch nie beisammen hatte, lädt Thomas und Viktor zum Tee ein. Viktor schreibt: »Niemand sonst durfte erscheinen. Und ich saß nach langen schlimmen Jahren zum erstenmal wieder zwischen Heini und Ommo (Thomas). Es war eine frohe Stunde.« Mutter Julia Mann (1851–1923) freut sich über die Versöhnung der Söhne außerordentlich. Im Sommer fahren die Dichterbrüder zum gemeinsamen Urlaub an die Ostsee.

Im Dezember 1924 schickt Thomas seinen »Zauberberg« in die Leopoldstraße 59. Heinrich ist erfreut und schreibt zurück: »Wir danken Dir bestens für das schöne Geschenk. Mimi ist jetzt freilich versorgt, sie kann wochenlang lesen. Dann hoffe ich mich daranzumachen.« Vier Monate später revanchiert sich Heinrich. Er sendet dem Bruder seinen Roman »Der Kopf«. Thomas bedankt sich: »Es war ein großer Augenblick, als gestern nachmittag Dein Roman hereingetragen wurde. Katja (Frau von Thomas) hat sich zuerst darüber hergemacht, aber auch ich hoffe, daß ich schon in den nächsten Tagen beginnen kann, es zu erwerben, um es zu besitzen.«
Hier in der Leopoldstraße 59 arbeitet Heinrich Mann unter anderem an den Romanen »Der Untertan«, »Der Kopf«, »Die Armen« und »Mutter Marie«. Regelmäßig um neun Uhr setzt er sich in sein Arbeitszimmer, das im Krieg als einziger Raum der Wohnung geheizt wird. Wie seine Tochter Leonie (geb. 1916) erzählt, ruht er eine halbe Stunde vor dem Mittagessen, das es um zwei Uhr gibt, »liegend aus«. Nach Tisch schläft er eine Stunde, »dann macht er täglich einen weiten Spaziergang«.
1914 zieht Heinrich Mann zusammen mit seiner Frau Mimi in das Haus Leopoldstraße 59, 1928 verläßt er München und Mimi und siedelt nach Berlin über, wo er bis 1933 bleibt. In dieser Zeit wird sein »Professor Unrat« verfilmt. Der Streifen (Filmtitel: »Der Blaue Engel«) mit Emil Jannings und Marlene Dietrich geht um die ganze Welt. Im Jahr der Uraufführung (1930) läßt sich Heinrich von Mimi scheiden.

# Ina Seidels Jugend am Nikolaiplatz 1a

Vier Jahre – von 1903 bis 1907 – wohnt Ina Seidel (1885–1974) mit ihrer Mutter und ihrem Bruder Willy im dritten Stock des Hauses Nikolaiplatz 1 a, »von dessen Fenstern und Balkons wir über lauter kleine Altmünchner Häuser hinweg ins Grüne sehen und nach Südost zu bei Föhnwetter sogar bis zu den Bergen«. Wie Seidel in ihren beiden Erinnerungsbüchern (»Lebensbericht 1885–1923«, »Drei Städte meiner Jugend«) erzählt, ist Schwabing damals »stellenweise ein noch fast ländlicher Vorort«, in dessen Gärten »Hühner und ein paar Ziegen ihr Wesen« haben, »weinumrankte Häuser stehen« und Gemüsebeete gepflegt werden. Wenn sie auf ihren Balkon tritt, sieht sie junge Dichter »mit Mädchen in Reformkleidern«, die langstielige Tulpen in den Händen tragen.

Vor dem Wohnhaus trifft das außerordentlich hübsche Mädchen, dessen Schönheit auf vielen Bildern zu bewundern ist, öfter den jungen Wilhelm Furtwängler (1886–1954), der »schon früh seines musikalischen Talents wegen bekannt« ist. Der »lange aufgeschossene Junge« wohnt unweit in der Maria-Josepha-Straße im Hause seines Vaters, des bekannten Archäologen Adolf Furtwängler (1835–1907), auf dessen »verwilderten Garten« Ina Seidel ebenfalls vom Balkon aus blicken kann.

Es sind »helle und sorglose Tage«, die das 19jährige Mädchen hier am Nikolaiplatz verlebt. Sie besucht die Volkshochschule, bereitet sich 1903/04 auf das Lehrdiplom für Englisch vor und lernt so viel, daß »die Köpfe rauchen«. Im Frühsommer unternimmt sie von hier aus Radtouren, liebt ansonsten Tanz und Tennis – und liest. Sie hat ein »lyrisches Innenleben«, das bisweilen von einer »Fernliebe« durchdrungen ist. Reisen führen sie an die Nordsee und den Hintersee im Berchtesgadener Land. Sie lernt den Schwarzwald kennen und fährt nach Berlin. Der

Winter ist »voll der gewohnten geselligen Freuden« in- und außerhalb der gemütlichen Schwabinger Wohnung.
Am Nikolaiplatz beginnt Ina Seidel »auch den Geist der Stadt zu begreifen«. Ihr begegnen fast täglich die bekannten Dichter, Schauspieler, Komponisten und Maler; sie bezeichnet sich selbst aber noch als zu »dumm« und zu »jung« (sie trägt »kein Gewand, sondern ein rosa Ballkleidchen«), um mit ihnen ins Gespräch zu kommen. Glücklich ist sie aber dann, wenn sich »einer jener Halbgötter« doch zu ihr herabläßt. Sie lernt in jenen Jahren die ganze Schwabinger Künstlergarde kennen – Thomas Mann, Franz Marc, die Gräfin Reventlow, Stefan George, Franz von Stuck, um nur einige zu nennen.
Zu ihr hinauf schaut in jenen Jahren der junge Schriftsteller Hans Brandenburg. Er berichtet in seinen Memoiren: »Streng zu Hause festgehalten, schaute sie durch die Gardinen sehnsüchtig nach uns jungen Dichtern, die bereits von sich reden machten und zu denen sie sich gar zu gerne gesellt hätte. Sie hat später erzählt, in unserer Gefolgschaft habe sie junge Mädchen mit Schneckenfrisuren gesehen, in Gewänder gekleidet und Tulpen in den Händen tragend.«
An ihrem 70. Geburtstag, 1955, würdigt die Dichterin noch einmal ausführlich ihre Jugend am Nikolaiplatz. »Aber die ländlichen Anwesen mit ihren Gras- und Gemüsegärten haben zum größten Teil Mietspalästen das Feld räumen müssen, und wer, wie ich es damals gerne tat, um die Mitternachtsstunde im Fenster liegt, der wird vor dem die Leopoldstraße jetzt pausenlos durchtobenden Verkehrslärm kaum noch von jenseits des Englischen Gartens her jenes seltsam hallende Urgeräusch vernehmen können, mit dem die Isar das Kieselgeröll ihres Bettes vor sich hertreibt.«
1907 verläßt Ina Seidel München und heiratet in Berlin ihren Vetter Heinrich Wolfgang Seidel, einen evangelischen Geistlichen und Schriftsteller. Fast dreißig Jahre später kehrt sie aber wieder in das geliebte Bayern zurück. Ihr Mann (»obwohl Norddeutscher«) zieht mit, haben sich beide doch gelobt: »Wo du hingehst, da will auch ich hingehen.«

# Bekannte Gäste und Feste im Stubenrauchschlößl Werneckstraße 18

Glanzvolle Zeiten erlebt in den Jahren vor dem Ersten Weltkrieg das Stubenrauchschlößl in der Werneckstraße 18, in dem ein Berliner Millionär wie ein Fürst Hof hält. Es ist das der Literatur- und Kunsthistoriker Victor Manheimer, Sproß eines reichen Fabrikanten in der Reichshauptstadt. In dem Schlößl, das im 18. Jahrhundert entsteht, wird selbst in den Hungerjahren im und nach dem Krieg in Saus und Braus gelebt.

Über die Gäste und Feste im Schlößl berichtet ausführlich der Theaterkritiker Hermann Sinsheimer in seinen umfassenden Memoiren. Er schildert Manheimer als einen Mann, der nicht nur Geld, sondern auch Geschmack und Gefallen am Feiern hat und aus diesem Grund oft und gern Palais und Park »der kleinen und großen Welt von Schwabing und München, von Deutschland und Europa« öffnet. Wer hier verkehren darf, ist »in Kunst oder Leben arriviert, wenigstens für die Bannmeile Münchener Erfolgs«.

Natürlich seien »die Berühmten die Rosinen, aber der Teig, in dem sie perlen, ist so gemischt wie nur möglich, wenn auch schon selbst eine Auslese«. Und Sinsheimer fährt fort: »Wem Gott gegeben hatte, auf originelle oder anziehende Weise zu reden oder zu schweigen, war hier willkommen. Der Hausherr selbst, eine anima candida, nie ganz dem Knabenalter entwachsen, obwohl seine hochgewachsene Erscheinung seit Menschengedenken von einer Glatze überglänzt war, schien selbst nur Gast im Hause zu sein. Der Gastgeber im Hintergrund war sein uralter, leise knurrender und sparsam lächelnder Diener Kaspar, eine gute und gütige Bedientenseele, der sich in Menschen und Weinen vortrefflich auskannte.«

Beide empfangen ihre Gäste und freuen sich, daß in ihrem Schlößl eine Münchner Elite »tafelte, trank, tanzte, tagte und

nächtigte«. Hier gibt es Gartenfeste von unbeschreiblicher Schönheit. Da sitzen Snobs und Schönheiten, Professoren und Protegés »unter sonnen-, mond- oder lampionbeschienenen Bäumen« oft »von mittags bis Mitternacht und darüber hinaus«. Es ist für Sinsheimer eine »Insel der Seligen, auf die im Sommer das Heu von den Wiesen des Englischen Gartens herüberduftet und wo im Winter die schönsten Frauen sich mit den gescheitesten Männern zu verstehen glauben«.

Das Schlößl selbst ist komfortabel eingerichtet. Kostbare Bilder hängen an den Wänden, die Zimmer sind »geschmackvoll möbliert«. Und überall stehen gefüllte Bücherregale mit wertvollen Bänden aus vielen Jahrhunderten und Ländern. Kurzfristig wohnt zu dieser Zeit hier auch der bekannte Münchner Bildhauer Fritz Behn (1878–1970), von dem es heißt, es gehöre zu seinen Lieblingsbeschäftigungen, in Afrika Löwen und in München schönen Frauen nachzustellen.

Nach dem Weltkrieg ist die Idylle im Stubenrauchschlößl zu Ende. Manheimer zieht nach den Revolutionswirren nach Berlin, reist dann nach Rom, flieht von dort vor den Faschisten nach Holland, wo er schließlich aus Angst vor einer Deportation durch die Nationalsozialisten Selbstmord verübt. Dazu Sinsheimer: »Legen wir, die einst sein Haus bevölkerten, eine kleine unbürgerliche Krone auf sein Grab in Amsterdam.«

# Sonderblatt.

**№ 53.** München, 15. Mai 1919.

# Bayerisches Polizeiblatt.

**Herausgegeben von der Polizeidirektion München.**

3040.

# 10000 Mark Belohnung.

## Wegen Hochverrats

nach § 81 Ziff. 2 des RStGB. ist Haftbefehl erlassen gegen den hier abgebildeten Studenten der Rechte und der Philosophie

## Ernst Toller.

Er ist geboren am 1. Dezember 1893 in Samotschin in Posen, Reg.-Bez. Bromberg, Kreis Kolmar, Amtsger. Margonin, als Sohn der Kaufmannseheleute Max u. Ida Toller, geb. Kohn.

Toller ist von schmächtiger Statur und lungenkrank; er ist etwa 1,65—1,68 m groß, hat mageres, blasses Gesicht, trägt keinen Bart, hat große braune Augen, scharfen Blick, schließt beim Nachdenken die Augen, hat dunkle, beinahe schwarze wellige Haare, spricht schriftdeutsch.

Für seine Ergreifung und für Mitteilungen, die zu seiner Ergreifung führen, ist eine Belohnung von

## zehntausend Mark

ausgesetzt.

Wenden!

# Ernst Tollers Versteck im Schlößl Suresnes Werneckstraße 24

Nach der Niederschlagung der Räterepublik Ende April 1919 lesen die Münchner an Tausenden von Plakatsäulen, daß auf die Ergreifung des Studenten Ernst Toller (1893–1939), eines maßgeblichen Funktionärs der Räterepublik, 10000 Mark Belohnung ausgesetzt sind. Der Gesuchte selbst zieht und flieht von Wohnung zu Wohnung und landet schließlich im Schlößl Suresnes, das sich der kurfürstliche Sekretär Franz de Jarzt in der ersten Hälfte des 18. Jahrhunderts (wahrscheinlich von Gunetzrhainer) erbauen läßt und nach dem französischen Ort Suresnes bei Paris benennt, wo er zusammen mit Kurfürst Max Emanuel im Exil weilt.

»Drei Wochen bleibe ich dort verborgen«, schreibt Toller, der während der Rätezeit kein Blutvergießen zuläßt und sogar Geiseln aus dem Luitpold-Gymnasium zu retten versucht, in seinen Erinnerungen (»Eine Jugend in Deutschland«). Tagsüber schleicht er gebückt durch die Zimmer des Hauses, »abends wage ich mich für fünf Minuten in den Garten und atme die Luft des Frühlings«. Der Maler Hans Reichel (1892–1958), ein Klee-Schüler, und seine Frau Olga, die Toller verstecken, können ihm nicht viel zu essen geben; wie er aber berichtet, »teilen sie das Wenige mit mir«. Wiederholt liest Toller in den Zeitungen, daß die Polizei überall im Land verstärkt nach ihm fahndet und forscht. »Eisenbahnzüge werden angehalten, Dörfer umzingelt. Einmal sucht man mich in Österreich, Soldaten dringen in das Schloß Ottensheim an der Donau, wo Verwandte wohnen.« Ein Kriminalbeamter, den man für Toller hält, wird in der Römerstraße erschossen. Jeder will die 10000 Mark. Toller färbt sich die Haare und baut sich im Haus ein raffiniertes Versteck. Vom Atelier führt eine Tapetentür in die Kammer eines Erkers. »Wir verhängen die Tür mit Bildern«, schreibt Toller, daß man den

*Schlößchen Suresnes, auch Werneckschlößl genannt, 1713–1718 vermutlich von J.B. Gunetzrhainer erbaut, mehrfach umgestaltet, 1969/70 restauriert*

Eindruck hat, vor einer echten Wand zu stehen. So fühlt man sich ziemlich sicher.
Doch nach drei Wochen wird es kritisch. Eine Frau gibt sich als Fluchthelferin aus und läßt sich das Haus zeigen. Am nächsten Morgen um 4 Uhr ist prompt die Polizei da. Das Schloß ist so dicht von Soldaten umzingelt, daß eine Flucht unmöglich ist. Toller eilt in sein Versteck. »Schritte nähern sich, ich höre Stimmen, ich höre, wie man die Zimmerwände abklopft, das Klopfen kommt näher und näher, noch eine Sekunde, noch eine Sekunde, jetzt klopfen sie gegen meine Tür, jetzt müssen sie mich finden,

ich halte den Atem an, wieder wird geklopft, wieder, das Klopfen entfernt sich, ich höre Schritte, nach einer Weile ist es still.« Toller scheint gerettet zu sein. Doch dann kommen sie wieder. »Wo ist die Tapetentür?« ruft ein Polizist. Die Bilder werden abgenommen. Er ist entdeckt. »Die Kriminalkommissare schauen mich scharf an, sie erkennen mich nicht.« Toller nennt aber seinen Namen und verspricht, nicht zu fliehen. Er ruft den Polizisten zu: »Wenn ich jetzt erschossen werde, wurde ich nicht auf der Flucht erschossen. Sie alle sind meine Zeugen.« Sofort werden dem Gesuchten Fesseln angelegt. Kurz vor 5 Uhr früh führen ihn die Polizisten dann in den herrschaftlichen Park hinaus. Als er an Maler Reichel und den Hausinwohnern vorbeigeführt wird, schreit er: »Diese Menschen wußten nicht, wer ich bin.« Er will sie vor der Verhaftung schützen.
Drei Soldaten marschieren voran, die beiden Kommissare halten Toller an den Eisen der Handgelenke, drei Soldaten folgen mit schußfertigem Gewehr. So wird Toller abgeführt. Auf dem Weg erkennt ihn eine alte Frau, die gerade in die Frühmesse geht. Ihr Kommentar: »Totschlagen.«
In der Verhandlung geht es um Leben oder Tod. Für viele Beschuldigungen hat Toller ein einwandfreies Alibi. Wiederholt wird er als Idealist und Menschenfreund gerühmt, der während der Räterepublik immer mäßigend wirkte. Der preußische Innenminister nimmt den Angeklagten ausdrücklich in Schutz. Er schreibt am 7. Juli 1919 nach München: »Toller ist ein unverwüstlicher Optimist und Friedensgläubiger, und verwirft jede Gewalt.« Das Urteil lautet auf fünf Jahre. Zur Zeit der Verhaftung Tollers dient das Schloß Paul Klee (1879–1940) schon als Atelier.

# Lujo Brentanos Diskussionszirkel in der Mandlstraße 5

»Im Oktober 1906 sind wir in das Haus eingezogen, das Friedrich Thiersch (1852–1921) mir entsprechend meinen Wünschen in München erbaut hat«, schreibt Professor Lujo Brentano (1844 bis 1931), der bekannte Wirtschaftswissenschaftler und Sozialpolitiker in seinen Erinnerungen (»Mein Leben – im Kampf um die soziale Entwicklung Deutschlands«). Brentano hat endlich in der deutschen Stadt, »in der trotz aller treudeutschen Gesinnung das Individuum noch am meisten sich entsprechend seiner Natur ausleben konnte«, einen ihm angemessenen Wohnsitz gefunden.

Berühmt und bekannt sind seine Diskussionszirkel, an denen die Koryphäen des Wirtschaftslebens und der Geisteswissenschaften ebenso teilnehmen wie Minister und Künstler aus dem In- und Ausland. Gesprächsthemen sind unter anderem die Warenzölle, der Flottenbau. Arbeitsschutz und später die wirtschaftliche Auswirkung des Krieges. Der nachmalige bayerische Finanzminister Hans Schmelzle (1874–1955) bezeichnet Brentano zwar als »eitel«, aber auch als den »glänzendsten akademischen Lehrer, den ich kennengelernt habe«.

Zu den Gästen Brentanos gehört auch der junge Immanuel Birnbaum, der in seinen Memoiren (»Achtzig Jahre dabeigewesen«) auf die Gespräche im kleinen Salon von Lujo Brentano eingeht, in dem die Geladenen »unter einem ovalen, großen Gemälde mit dem Bildnis seines Onkels, des Dichters Clemens Brentano« (1778–1842) sitzen. Da wird über den Vorzug einer Eisenbahnreise in der dritten Klasse gesprochen (Max Weber: Da bekomme man erst richtig zu hören, was sich im Volke ausbreite) und vor allem über den Krieg. Noch Anfang 1914 hält Brentano einen Waffengang für Utopie, da »nach vier Wochen die zusammenbrechende Weltwirtschaft ein Ende erzwingen würde« und außerdem die »sozialistischen Massen nicht mitmachten«, so berichtet uns Viktor Mann (1890–1949). Aber es kommt anders.

Bald diskutieren die Professoren und Politiker neben gewöhnlichen Tagesthemen auch über die sich abzeichnende Niederlage, wobei »die Stimmung wieder bedrückt« (Birnbaum) wird. 1914 wird im Haus Mandlstraße 5 ganz groß der 70. Geburtstag Brentanos gefeiert. Franz von Stuck (1863–1928) malt ein Bild von ihm, das längere Zeit in der Neuen Pinakothek, München, hängt. Kollegen von der Universität (Brentano war 1901 Rektor) und Studenten feiern ihn. Allerdings gehen in der Mandlstraße auch Drohbriefe seiner Gegner ein. Im selben Jahr bricht der 70jährige noch zu einer großen Italienreise auf.
In der Rätezeit (1919) fahnden die Roten in Brentanos Haus nach einem seiner Schüler, der als Untermieter bei ihm wohnt, aber noch rechtzeitig nach Bamberg ausweichen kann. Brentano wird mit ins Kriegsministerium genommen und dort verhört. Doch es passiert ihm nichts – gehört er doch dem »Rat der geistig Schaffenden«, einem von Eisner geschaffenen Gremium, an. Nach der Niederlage der Roten durchstöbern die Weißen das Haus, dringen in das Schlafzimmer seiner Tochter ein, lesen die Briefpost durch und benehmen sich »wenig rücksichtsvoll«. Brentano stirbt 1931, 87jährig.
Heute gehört das Haus der Aktiengesellschaft für Licht- und Kraftversorgung.

# Albert Langen in der Mandlstraße 8

1906 kauft sich der »Simplicissimus«-Verleger Albert Langen (1869–1909) »eine hübsche Villa« in der Mandlstraße 8, direkt neben dem Englischen Garten und läßt sie nach den Worten seines Freundes Korfiz Holm »ohne Rücksicht auf die Kosten großzügig umbauen«. Es ist eines der idyllischsten Häuser Schwabings. Die Bäume des Englischen Gartens reichen bis nahe an die Fenster und Balkone. Im »Schwabinger Bach, der drunten, die Mauern bespülend, vorbeischießt« (Hans Brandenburg), tummeln sich Wildenten und -gänse, Möwen und Wasserhühner. Es ist ein Haus, vor dem die Münchner, vor allem die Buben, gerne und lange stehenbleiben. Vor ihm sind nämlich mehrere Automobile geparkt, von denen »mindestens zwei« Langen gehören.

Von der Mandlstraße aus leitet Langen bis zu seinem Tode seinen Verlag, in dem die bekannteste satirische Zeitschrift Deutschlands erscheint, der »Simplicissimus«, der Politiker, Prinzen, Pfarrer und Professoren kritisiert und verulkt und der laut Tolstoi für künftige Historiker »die wichtigste und kostbarste Quelle« ist, die ihnen ermöglicht, »nicht nur den Zustand der heutigen Gesellschaft kennenzulernen, sondern auch die Glaubwürdigkeit aller übrigen Quellen zu prüfen«. Die Auflage beträgt 100000, eine für damalige Verhältnisse »beispiellose Zahl«, wie Langen 1906 feststellt. Doch es gibt auch großen Kummer. Im selben Jahr wird nämlich der »Simplicissimus« in eine GmbH umgewandelt. Die Künstler stellen dem Verleger ein Ultimatum: Beteiligung am Gewinn oder Austritt. Langen gibt nach. Das Klima verschlechtert sich. Die Glanztage der Zeitschrift scheinen gezählt zu sein.

Nach dem Einzug in das Haus Mandlstraße 8 leitet Langen nur noch drei Jahre den Verlag. Anfang April 1909 fährt er in einem seiner Autos auf das Oberwiesenfeld, um die angekündigte Landung des Grafen Zeppelin mit seinem Luftschiff zu erleben. Doch das Wetter ist »an diesem Tage kühl und unfreundlich«

*Albert Langen*

und wird bald »so stürmisch«, daß Zeppelin beschließt, nicht zu landen. Anstatt in die Mandlstraße zurückzufahren, verfolgt Langen nun das Luftschiff im offenen Wagen bis ins Niederbayerische. Zu Hause merkt er, daß er sich gehörig erkältet hat. Wie Holm in seinen Erinnerungen (»ich – kleingeschrieben«) erzählt, »achtet er nicht sehr darauf« und macht an Ostern »wieder in dem offenen Wagen einen Ausflug an den Chiemsee«. Jetzt holt er sich eine »bösartige Ohrenentzündung«. Ein paar Tage später sucht ihn Holm in der Mandlstraße auf. Sofort erfaßt ihn »ein heftiger Schreck«, so verändert sieht der Verleger plötzlich aus. Langen aber glaubt immer noch an eine harmlose Krank-

heit, ordnet allerlei Dinge und bittet zu Geschäftsgesprächen an sein Krankenlager. Als sich sein Zustand verschlechtert, wird ein Wiener Spezialist in die Mandlstraße gerufen. Doch dieser offenbart ihm »die Hoffnungslosigkeit seines Zustandes«.
Ludwig Thoma eilt unverzüglich ans Totenbett in die Mandlstraße und sieht zu, wie Langen »ruhig Anordnungen über seinen Nachlaß« trifft, »und von dieser Sorge befreit«, dem Anwalt, der das Testament aufsetzt, »höflich lächelnd« dankt. »Keine Klage, kein wehleidiges Wort entschlüpft ihm!« Am 30. April 1909 stirbt Langen. »Obwohl wir diese Nachricht bangenden Herzens hatten kommen sehen, standen wir wie vor den Kopf geschlagen da«, berichtet Holm. Und Ludwig Thoma klagt: »Ich spüre es schmerzlich genug, daß mir sein liebes Lachen künftighin fehlen wird.«
Im ersten Jahrzehnt nach der Jahrhundertwende wohnen im Haus Mandlstraße 8 noch andere, zum Teil bedeutende Künstler wie Bernd Isemann, Hans Brandenburg, Olaf Gulbransson, Will Vesper und Ferdinand von Reznicek. Brandenburg geht in seinen Erinnerungen ausführlich auf das Leben in diesem Hause ein und berichtet unter anderem, daß er hier »in einer langen Frühlingsnacht« eines seiner Werke vollendet und mit seiner Schwester und seinen Freunden gerne und oft musiziert. Überhaupt lockt »das schwesterliche Element meines kleinen Hausstandes« nicht nur Verehrer und »verheiratete und gesetztere Leute« an, sondern erleichtert ihm »auch den Verkehr mit junger Weiblichkeit«. Die Terrasse ist im Sommer wie geschaffen zu froher Geselligkeit. Brandenburg fühlt sich äußerst wohl hier. Wiederholt lobt er Schwabing, das »mit ehemaligen Bauernhöfen, Bauerngärten und Landsitzen zwischen den neuen Miethäusern noch etwas von seinem ursprünglichen Dorfcharakter« wahrt.

# »Rauschende Bacchanale« des Bildhauers Fritz Behn in der Mandlstraße 9

Der beliebte Bildhauer Fritz Behn (1878–1970), der unter anderem Büsten von Mussolini, Hindenburg, Richard Strauss, Pius XII., Caruso und Albert Schweitzer anfertigt, hat ungefähr von 1905 bis 1922 in der Mandlstraße 9 sein Atelier. Er ist ein lebenslustiger Künstler, der mit seinen Freunden allerlei Unsinn treibt, nichtsdestoweniger aber schon sehr früh zu den Stars unter den Bildhauern zählt. Man kennt ihn in jenen Jahren in München als Freund schöner Frauen, schlagfertigen Witzbold und mutigen Löwenjäger, der wiederholt nach Afrika reist.
Wie René Prevot (1880–1955) in seinen Erinnerungen (»Kleiner Schwarm für Schwabylon«) erzählt, bringt Behn um 1910 von einer Safari einen jungen Löwen mit nach Hause, den er in einem geräumigen Käfig im Atelier hält. Im Laufe der Zeit sind die Stäbe dieses Käfigs aber so verbogen, daß man einen neuen bestellt. Doch der Käfig wird lange nicht geliefert. Da radelt Behn eines Tages zum Schlosser, um »ihm einzuheizen«, wie Prevot weiter erzählt. »Aber wie es so geht: kaum ist er fortgefahren, kommt der Handwerker und bringt den neuen Käfig.« Als der Schlosser wieder weg ist, kommt dem Bildhauer Ebbinghaus, einem Freund Behns, »eine großartige Idee«. Er füttert den Löwen »mit einer reichlichen Mahlzeit«, treibt ihn in den neuen Käfig und schiebt den Kasten schnell auf einem Bildhauer-Rollpodest in den großen Garten. Die Tür des alten Käfigs aber reißt er weit auf. Unverzüglich ruft er dann Behn, der gerade beim Handwerker angekommen ist, von einem Postamt aus an: »Bitte sofort kommen! Löwe ausgebrochen.« Kaum ist Behn zu Hause, erhält er wieder einen Anruf von seinem Freund, der jetzt seine Stimme verstellt: »Polizeistation Freimann! Hier ist ein Löwe gesichtet worden. Die Bevölkerung behauptet, es könne nur Ihrer sein!« Behn ist in heller Aufregung. Aber es läutet schon

wieder. »Hier noch einmal Polizeistation Freimann. Löwe in Schafherde eingefallen. Löwe muß geschossen werden.« Darauf Behn: »Bitte, bitte nicht erschießen! Komme sofort!« Behn radelt unverzüglich los, doch in Freimann weiß die Polizei nichts von einem Löwen.

Aber es gibt noch die Polizeistation Oberfreimann, wird er aufgeklärt. Schon will Behn dorthin radeln, da läutet das Telephon. Der Polizist nimmt den Hörer ab: »So? In der Stadtgärtnerei?«

*Fritz Behn bei der Arbeit an einer Büste Pius' XII.*

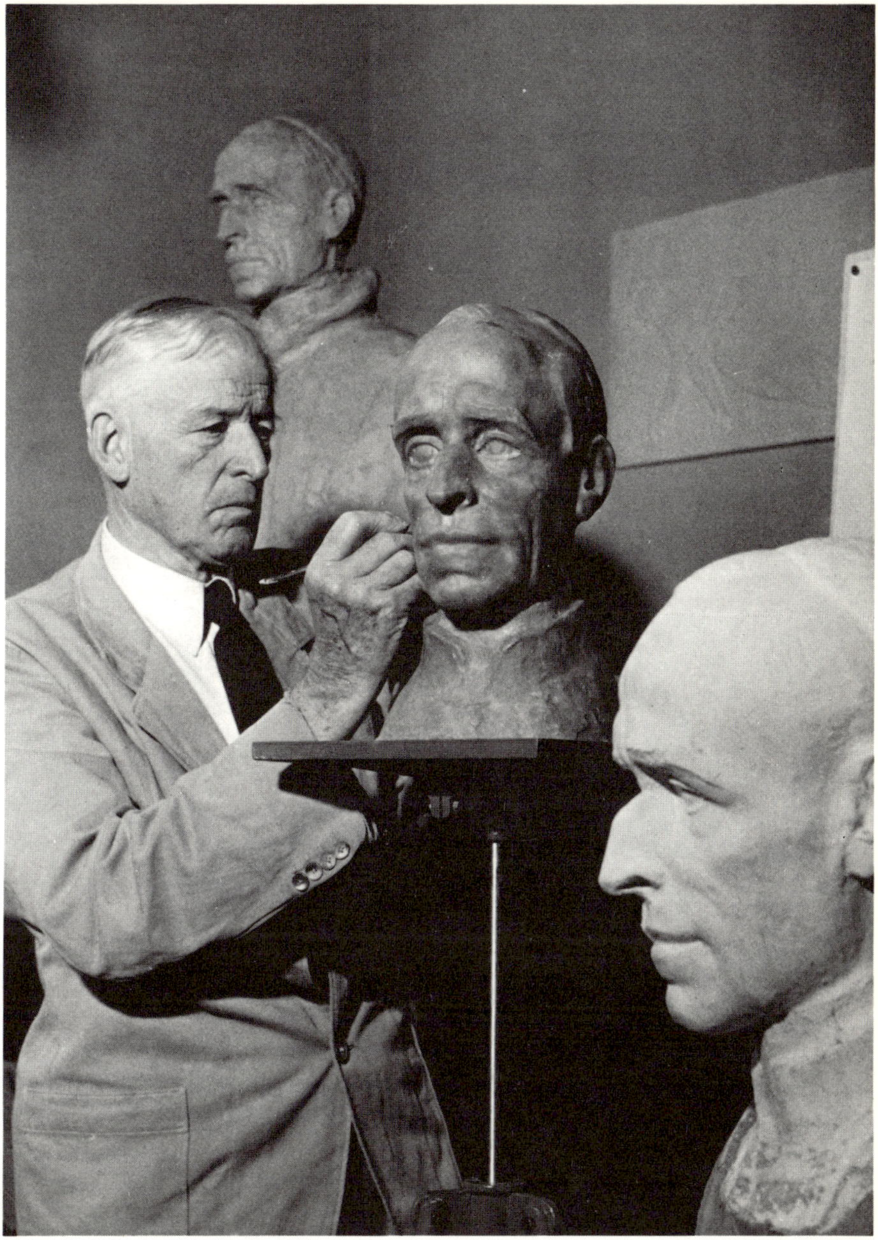

Behn radelt hastig die weite Strecke dorthin. Doch dort weiß man wieder nichts von einem Löwen. Dafür schrillt das Telephon: »Löwe soeben in Gulbranssons Ulme gestiegen, sämtliche weiße Pfauen gefressen.« Und gleich kommt der nächste Anruf: »Hier Zugspitzwetterwarte! Ein Löwe...« Jetzt fällt der Groschen bei Behn. »Ja, weiß schon, jetzt aber leckts mi«, ruft er aus. Er eilt sofort in die Mandlstraße 9 und sieht zu seiner großen Erleichterung sein Afrikasouvenir, das er »zärtlich liebt«, friedlich im Garten schlummern. Doch Behn rächt sich für diesen Scherz bald und legt seinen Freund schadenfroh herein, wie sein Bekannter Felix Schlagintweit in seinen Memoiren »Ein verliebtes Leben« ausführlich darlegt.

Im Atelier aber werden Verkleidungsszenen gespielt, Studenten verspottet und im »schönen Park vor dem Atelier« Schießübungen für ein Duell durchgeführt. Im Haus selbst gibt es Feste, auf denen der Löwe stets bewundert wird. Hier modelliert Behn seine Geliebten, die als »echte Schwabingerinnen« zu jedem Jux und »zu jeder Schandtat« bereit sind. Hier veranstaltet er zusammen mit seinen vielen Freunden »rauschende Bacchanale, bei denen die Modell-Athleten als Fackelträger und römische Sklaven fungieren«.

Den Ersten Weltkrieg erlebt der Bildhauer an der Westfront, an der er sich als Jagdflieger auszeichnet. 1922 kündigt er sein Atelier in der Mandlstraße und reist für mehrere Jahre nach Südamerika. Behn stirbt 1970 hochbetagt in München, wo unter anderem das Bismarck-Denkmal am Deutschen Museum und Tierplastiken in Hellabrunn von seinem Schaffen zeugen.

# Kubins »neues Glück« im Haus Mandlstraße 26

»Betrinkt man sich täglich mit gutem Champagner oder hübschen Weibern, wird's einem leichter«, schreibt der Maler und Zeichner Alfred Kubin (1877–1959) im Frühjahr 1904, kurz bevor er in die Mandlstraße 26 zieht. Er ist todtraurig, denn eben ist seine »heimliche Braut« Emmy Bayer gestorben. Doch schon wenig später bleibt er bei einem der »hübschen Weiber« hängen. Es ist die junge Witwe Hedwig Gründler, mit der er sich am 28. März auf eine »vorlegitime Hochzeitsreise« begibt, wie ein Flugblatt der Münchner Künstlerkreise anzeigt. Im Mai zieht das Paar dann in der Mandlstraße ein, wo es bis Ende Oktober 1906 bleibt. Am 22. September 1904 wird offiziell geheiratet.

Kubin erzählt dazu in seinen Lebenserinnerungen: »Aber durch meine Ehe war so viel neues Glück über mich gekommen, daß ich doch bald wieder den Anreiz zur Arbeit in mir fand. Jetzt entstanden Serien harmonisch ausgeführter Blätter, welche ich, um sie abwechslungsvoller und reicher zu gestalten, in zart abgestuften farbigen Tönen hielt. Hatte ich mich früher auf Grau und nah verwandte bläuliche, bräunliche und grünliche Nuancen beschränkt, so nahm ich nun Gelb, Grün, Orange, verschiedenes Rot usw. in meine Skala auf.«

Wie der Maler Rolf von Hoerschelmann in seinen Memoiren (»Leben ohne Alltag«) erzählt, richtet sich das junge Paar eine hübsche und geschmackvolle Wohnung ein, die eine »schöne Aussicht auf den Englischen Garten« ermöglicht. »Sonderbare Tiere, Äffchen, Haselmäuse und seltene Reptilien« sind ihre Hausgenossen. Hoerschelmann, der in der nahen Gedonstraße wohnt, ist oft bei Kubin zu Gast. »Vieles«, so schreibt er, »lernte ich kennen; die Werke phantastischer Künstler, moderner ausländischer Maler und das so reizvolle, bald anziehende, bald abstoßende Werk des jungen Meisters selbst.« Jede Unterhaltung habe aber »die freundschaftliche Verbindung vertieft«.

*Alfred Kubin, Selbstbildnis. Zeichnung*

Kubin ist ein etwas schmächtiger Jüngling »mit einem blassen Knabengesicht«, wie Franz Blei erzählt. Er kann anschaulich erzählen, spricht gern von seinen Plänen, pflegt einen »höchst natürlichen Humor, dem bizarre Elemente nicht fehlen« und hat »das fröhliche Lachen eines Knaben«. Hans Brandenburg, der 1904 ebenfalls in der Mandlstraße wohnt, lernt Kubin als einen höflichen, aber »sehr blassen Herrn« kennen. René Prevot bezeichnet ihn als den »Leisen und Geheimnisvollen«.
Kubin selbst fühlt sich in München (»das liebste aller Pflaster in der schönsten aller Städte«) äußerst wohl. Oft zecht er im »Simpl« der Kathi Kobus, noch öfter wandert er hinüber zur Alten Pinakothek, deren Bilder ihn immer wieder faszinieren. 1905 meint er, daß ihn die Galerie beim ersten Besuch »in eine staunende Ekstase gebracht hat, die mich zuerst in den Himmel hob, um mir nachher das Bewußtsein meiner Nichtigkeit diesen ewigen Werken gegenüber nur desto deutlicher zu machen«.
Von der Mandlstraße bricht Kubin bald nach Wien auf, »dieser schönen Stadt«, um im dortigen Hofmuseum Pieter Breughels Werke kennenzulernen. »Dieser Tag gehört zu den reichsten meines Lebens«, schreibt er, nachdem er den flämischen Meister genau studiert hatte. Noch zu Hause in München spricht er oft und gern von der Begegnung mit den Bildern Breughels.
Zwei Erlebnisse prägen um diese Zeit Kunst und Persönlichkeit Kubins nachdrücklich. Zum einen setzt eine Bücherleidenschaft (sie ist auf seinen Schwager Oscar Schmitz und auf Karl Wolfskehl zurückzuführen) ohnegleichen ein. Er kauft und liest alles, was er für sein künstlerisches Schaffen für notwendig hält. Zum andern beendet er in der Mandlstraße seine Experimente mit Kleisterfarbe. Eine Reise im Herbst 1905 nach Südfrankreich bringt ihn nämlich auf ganz andere Gedanken. »Zu Hause«, so schreibt er, »malte ich dann die ganze Menge meiner Urwald- und Tropenbilder, die ich meist mit Geschöpfen einer untergegangenen oder noch lebenden Fauna bevölkerte.« Er erkennt, »daß meine Technik mich zu sehr vom Zufall abhängig machte«. So verzichtet er »auf die raffinierten Effekte des Kleisters« und greift »zur reinen Tempera«.

Hier in der Mandlstraße, so berichtet Kubin weiter, sei er »nun ein ganz richtiger Maler geworden«. Wenngleich er »mit Wut gegen jeden anderen als den rein malerischen Inhalt der Bilder wettert«, fühlt er doch »von Zeit zu Zeit einen tiefen Zwiespalt, eine Zerrissenheit sondergleichen«. Er bemängelte, daß seine Bilder »nicht wirklich koloristisch einwandfrei« seien, »im Gegenteil, es machte sich eher ein ausgesprochenes Tongefühl wieder geltend«. Schließlich meint Kubin, daß er in der Mandlstraße »ganz, ganz heimlich auch hin und wieder einmal etwas Groteskes« zeichnet, was ihm »zur Erleichterung« dient und unbedingt »festgehalten werden müßte«.
Im Herbst 1906 verläßt Kubin München und zieht nach Schloß Zwickledt (bei Wernstein am Inn). »Es ist nur ein kleines Landhaus, ein sogenannter Freisitz, von allerdings ehrwürdigem Alter«, schreibt Kubin, der hier zusammen mit seiner Frau und zwei Mägden lebt.

# Friedrich Huchs musische Abende in der Keferstraße am Englischen Garten

Von 1904 bis zu seinem Tode wohnt der Romanschriftsteller Friedrich Huch (1873–1913) im Haus Keferstraße 9 am Biederstein. Hier vollendet er »Mao«, »Pitt und Fox« und »Enzio«. Gleich nach seinem Einzug schreibt er an seine Mutter: »Meine Wohnung ist ganz wunderschön geworden. Die Möbel sind in denkbar harmonischer Verteilung und an den Wänden hängen nur Originale. Überhaupt hat das Zimmer vor allem den Charakter der Ruhe und so fühle ich mich wohl in ihm. Auch das Schlafzimmer ist schön geworden und die Aussicht aus allen Fenstern herrlich. Man ist hier wie auf dem Lande. Morgens höre ich im Bette draußen ab und zu Enten und Gänse schreien und von der nahen Mühle einen Esel. Diese Eselschreie erinnern mich an Italien, wo man sie so viel hört. Schafherden werden draußen vor meinem Fenster vorbeigetrieben und auf dem kleinen Örtchen der Etage ist ein Schwalbennest in halber Höhe.«
Drei Monate später berichtet Huch der Mutter, daß »über Nacht die Bäume grün geworden« sind. »Den ganzen Abend hindurch hört man Musik, Guitarren, Mandolinen, Gesang.« Die Atmosphäre behagt ihm. »Meine Wohnung«, so meint er schließlich, »habe ich mir allmählich für ständig eingerichtet, denn es scheint, daß ich hier bleibe.«
Der Schriftsteller Hans Brandenburg ist öfter Gast »in dem ländlichen Vorstadthaus an der Keferstraße«, in dem Huch »junggesellenhaft-einsiedlerisch« wohnt. Er ist ein feinfühliger Mensch, der am Abend gern Ziehharmonika spielt oder stundenlang am Klavier sitzt. Seine »sehr männliche und doch jungenhafte Erscheinung mit stahlblauen Augen, scharf geschnittener Nase und vorspringendem Kinn, in Sportmütze, Kniehosen und leinenen oder rohseidenen Joppe ist im ganzen Stadtteil bekannt«, berichtet Brandenburg.
Auch der aus Augsburg stammende Archäologe Ludwig Curtius

trifft ihn öfter. In seinen Memoiren (»Deutsche und antike Welt«) meint Curtius: »Huch war ein mittelgroßer jugendlicher Mensch, der jedem durch sein geistreiches Profil auffallen mußte, das durch ein scharfes Kinn, einen schmallinigen, leicht spöttischen Mund, eine kühn vorspringende schmalbrüchige Nase und eine steil darüber aufsteigende hohe Stirn in dem geröteten, breit angelegten blonden, blauäugigen, glatt rasierten Gesicht bestimmt wurde.«
Bevor Huch nach München kommt, hat er das Lehrfach aufgegeben, um freier Schriftsteller zu werden. In der königlichen Haupt- und Residenzstadt findet er gleich Anschluß. Der kleine Viktor Mann (1890–1949) stellt ihn seinen Brüdern Thomas und Heinrich vor, Alexander von Bernus, der Begründer der Schwabinger Schattenspiele, gewinnt ihn für die Mitarbeit der literarischen Wochenschrift »Die Freistatt«. 1910 besucht ihn Hans von Hülsen, der ihn als einen »ganz schlichten, allem Gesellschaftlichen skeptisch gegenüberstehenden Menschen« charakte-

*Fritz Wimmer, Bildnis Friedrich Huch. Zeichnung*

risiert. Zwei Dinge bedeuten nach Worten Hülsens »das höchste Glück« für Friedrich Huch: »Mit jüngeren Freunden auf dem Rade in Münchens weite Umgebung hinauszustrampeln oder im Sonnenbrand des Ungererbades zu rösten – und vor seinem niedrigen Tisch auf dem Diwan zu sitzen (einen Schreibtisch nannte er nicht sein eigen) und in einer großartigen Antiqua kleine Quartblätter zu beschreiben, die sich dann in einem offenen Kasten vor ihm häuften.« Friedrich Huch, »der edle Geist«, wie ihn Viktor Mann nennt, stirbt 40jährig an den Folgen einer Mittelohreiterung. Einer seiner engsten Freunde, Thomas Mann, hält die Abschiedsrede.

Zusammen mit Friedrich Huch bewohnen Will Vesper (1882 bis 1962) und seine Freundin Käte Waentig das Haus Keferstraße 9. Vesper, ein damals bekannter Schriftsteller, dichtet vor allem für die »Schwabinger Schattenspiele« seines Freundes Bernus. Seine bekanntesten Werke sind »Der blühende Baum«, »Schön ist der Sommer« und die Gedichtsammlung »Die Ernte«.

# Das »Kefernest« des Zeichners Olaf Gulbransson in der Keferstraße 10

Eines der idyllischsten Häuser Münchens steht am Rand des Englischen Gartens in der Keferstraße, Hausnummer 10. Kein Verkehrslärm, am Ende des großen Hofgrundstücks der Eisbach, dahinter die weiten Auen des Englischen Gartens, ein Gehöft wie in einem Märchenbuch. Der berühmte Simplicissimus-Zeichner Olaf Gulbransson (1873–1958), ein »Riese mit Kindergemüt« (Hans Maier), war der Eigentümer. Er kaufte das Gebäude im Herbst 1906 und wohnte dort zwanzig Jahre. Hier im »Kefernest« richtet es sich der Norweger Gulbransson mit seiner zweiten Frau Grete gemütlich ein. Das Gebäude war

früher ein Wirtshaus, das er nach seiner eigenen Aussage »bezaubernd umbauen« läßt. Links vom Grundstück liegt eine alte Mühle, die er sogleich pachtet und als Atelier einrichtet.
Im großen Garten huldigt er bei entsprechenden Temperaturen immer der Freikörperkultur. Der Maler Rolf von Hoerschelmann schreibt dazu: »Wurde auch durch seine durchaus ungewöhnliche, an den Urstand der Menschheit gemahnende Figur zu einer großen Sehenswürdigkeit, zumal wenn er in seiner Lieblingstracht, dem Adamskostüm, in den Zweigen seiner alten Bäume am Schwabinger Bach herumstieg.«
Doch seine Gattin wird in diesem Haus, das heute noch der Familie Gulbransson gehört und von ihr bewohnt wird, nicht so recht glücklich. Zu oft sitzt ihr der Künstler im »Bratwurstglöckl« am Dom oder im »Donisl« bei den Droschkenkutschern und zecht mit ihnen ganze Nächte durch. Einmal ist Grete so sauer, daß sie ihn nach einer solchen Sauftour nicht mehr hereinläßt. So bleibt dem Künstler nichts anderes übrig, als über den Bretterzaun zu springen und sich auf den Rasen zum Schlafen niederzulegen. Als er aufwacht, kann er vor Schmerzen nicht mehr aufstehen. Den Ischias, den er sich dabei holt, bringt er sein Leben lang nicht mehr ganz los. Die Eheleute sind sich böse, die Ehe geht allmählich auseinander.
Gulbransson berichtet wiederholt von der Idylle am Englischen Garten. »Vor meinem Kefernest-Paradies am Schwabinger Bach lag eine Insel, die einzige Insel in München, außer der Kohleninsel. Dort brüteten gerne Enten. Sonst kam niemand hin. Zu der Zeit lebte noch der alte Prinzregent von Bayern. Er hatte am Englischen Garten beim Aumeister eine Jagd, und die halbwilden Enten gehörten dazu. Auf einem natürlichen Nest lag nun seit einiger Zeit eine Prinzregentenente und brütete und dachte, sie wäre ungeschoren. Sie lag ganz zahm und still, wenn ich vorbeiging, weil sie mich kannte.«
Doch eines Tages ist »großes Geschrei und Aufregung«. Ein Fremder holt sich das Tier, dreht ihm den Hals um und nimmt es mit. Gulbransson: »Ich war froh, daß ich nicht zu Hause gewesen war, sonst hätte ich diesen Fremdling wahrscheinlich

in den Bach geschmissen.« Es kommt zu einer Anzeige, die der Künstler aber wieder zurückzieht.
Doch was soll mit den kleinen Enten, die eben ausgeschlüpft sind, geschehen? Gulbransson erzählt: »Es waren drei, sie waren ganz außer sich, so ohne Mutter. Ich legte mich, nacket wie ich war, auf den Bauch zu ihnen auf den Rasen hinunter. Sie krabbelten um mich herum und suchten was zu fressen. Ich konnte nicht aufstehen, ich mußte meine Zeichnungen auf dem Bauch machen. Ging ich weg, war ein Spektakel wie am Ende der Welt. Sie flogen mit und schrieen, was sie konnten. Legte ich mich hin, war alles wieder gut.«
So ersetzt der Künstler, der während seines ganzen Lebens hartnäckig behauptet, sein Vater sei ein Seehund gewesen, die Entenmutter. Die Kücken kriechen »unter meinem Bauch, zwischen meine Beine, überall an meine warmen Stellen. Wir haben es so friedlich miteinander gehabt.« Dann kommt Gulbransson auf eine gute Idee. Er »kuschelt« sich mit den kleinen Tieren unter einen Bademantel. Als sie mit dem Bekleidungsstück hinreichend Bekanntschaft gemacht haben, stopft es Gulbransson aus und macht es mit den Enten vertraut. »Beim Aufstehen gab es wieder ein Geschrei, aber dann sahen sie den weißen Mantel. Und so huschten sie wieder zurück und blieben bei ihm.« Wehmütig stellt Gulbransson fest: »Es hat mir direkt weh getan, denn das gemeinsame Schlafen war so schön.«

# Paul Klee und sein Atelier in der Feilitzschstraße 3

Paul Klee (1879–1940), der seit 1898 fast ununterbrochen seinen Wohnsitz in München hat, mietet sich im Dezember 1908 nach seinen eigenen Tagebuchnotizen »ein kleines Atelier« im Haus Feilitzschstraße 3. Seine Wohnung, in der er mit seiner Frau Lily und Sohn Felix (geboren 1907) lebt, ist im Gartenhaus

Ainmillerstraße 32, einem Gebäude, das während des Zweiten Weltkrieges zerstört wird.
»Im neuen Arbeitsraum Gelegenheit zu umfangreicher Ölmalerei«, schreibt Klee 1909 in sein Tagebuch und berichtet, daß er »alle möglichen Experimente« darin anstellt. Hier findet er in der Tat die Ruhe, wenigstens ein bis zwei Stunden am Tag arbeiten zu können. Die übrige Zeit muß er in der Ainmillerstraße den Haushalt führen. Er reinigt Wohnung und Windeln, kocht Mittag- und Abendessen, damit seine Frau Lily, die nach den Worten des Verlegers Reinhard Piper »sehr optimistisch und diesseitig« wirkt, Geld verdienen kann. Wie Sohn Felix später erzählt, gibt seine Mutter »von morgens bis in die Nacht Klavierstunden«, um nicht ganz mittellos dazustehen. Durch die wenigen Aufträge, die Klee in dieser Zeit erhält, dürfte gerade die Miete fürs Atelier zu zahlen sein.
Gibt es in dieser »Stadt der fünftausend Maler«, wie Klee einmal München bezeichnet, überhaupt eine Chance? Er ist zunächst skeptisch. Dennoch läuft er müde und matt jedesmal von der Ainmiller- in die Feilitzschstraße, wenn seine Frau gerade keinen Unterricht gibt. Dann nimmt er sich einige Stunden Zeit, seine Gedanken auf die Leinwand zu übertragen. »Wille und Disziplin ist alles«, schreibt er 1909. Im Atelier entsteht eines seiner bekanntesten Motive: »Mädchen mit Krügen«, ein Bild, das stark expressionistische Züge aufweist.
Aber auch in der Feilitzschstraße gibt es Enttäuschungen. Fünf seiner Zeichnungen werden 1909 von der Münchner Sezession abgelehnt. Allerdings kann er im gleichen Jahr in Berlin ausstellen. 1910 verlassen 56 seiner Werke das Atelier in der Feilitzschstraße in Richtung Schweiz. Sie werden in Bern, Zürich, Winterthur und Basel gezeigt. Und was noch wichtiger ist: Alfred Kubin erwirbt eine Zeichnung. Es geht aufwärts. Jetzt endlich redet man von ihm auch in München. Kunsthändler Thannhauser stellt dreißig Klee-Zeichnungen aus. 1911 jubelt der Maler: »O du geliebtes Schwabing!«
Im selben Jahr schließen sich Wassily Kandinsky, Franz Marc, der Westfale August Macke und Alfred Kubin zum »Blauen

Reiter«, zu dem auch Klee stößt, zusammen. Sie besuchen sich gegenseitig und werden treue Freunde. Zwei von ihnen (Marc und Macke) fallen im Krieg. Gute Bekannte Klees sind noch Rainer Maria Rilke und Karl Wolfskehl, die sich oft und lange über Kunst und Kultur unterhalten.

Von langen Reisen kehrt Klee immer wieder gern nach München zurück. 1914 ist er mit August Macke in Kairuan. Den Militärdienst kann Klee in der Heimat ableisten. Am Ende des Krieges verläßt er das Haus Feilitzschstraße 3 und zieht in das Schloß Suresnes um, wo sich im Frühjahr 1919 Ernst Toller versteckt hält. 1921 geht der »zartgliedrige, brünette Paul Klee«, wie ihn Piper charakterisiert, von München nach Weimar.

# Silvester 1899 bei Familie Mann in der Herzogstraße 3

1898 zieht Frau Senator Julia Mann (1851–1923), Witwe des 1891 in Lübeck gestorbenen Konsuls und Kaufmanns Thomas Johann Mann, mit ihren drei jüngsten Kindern Julia, Carla und Viktor in das Haus Herzogstraße 3.
Glanz und Glorie der Familie, wie sie Thomas Mann, der zweitälteste Sohn von Frau Senator, in den »Buddenbrooks« beschreibt, sind dahin. Die Etage im ersten Stock hat sieben Zimmer und erscheint Sohn Viktor »als Gipfel der vornehmen Geräumigkeit«. Mittelpunkt ist das Wohnzimmer mit den »hübschen Möbeln«, die in »loser Ordnung« herumstehen, den vielen Ahnenportraits an den Wänden und dem Bücherschrank, aus dem es noch »nach Lübeck riecht«.
Die beiden älteren Söhne Thomas (1875–1955) und Heinrich Mann (1871–1950) haben sich bereits selbständig gemacht, erscheinen aber immer wieder bei der Mutter. Besonders Thomas kommt oft von seiner Wohnung in der Marktstraße herüber, um sich für seinen eben erst begonnenen Roman »Buddenbrooks« von »Mama alle alten Familienpapiere, vergilbte Aufzeichnungen, Briefe, Festerinnerungen und Urkunden zum Quellenstudium übergeben zu lassen«, die »in Truhen und Laden« der Wohnung liegen, wie Viktor in seinen Erinnerungen erzählt. Thomas fragt dabei »manches über diese und jene Episode« und hört aufmerksam seinem zehnjährigen Bruder Viktor zu, der nicht selten Kraftausdrücke und derbe Münchner Sprüche von seinen Spielkameraden, dem Kögl Franzl, Schmatz Karl oder Huber Katsche, aufschnappt und sie zu Hause wiedergibt.
Hier in der Herzogstraße 3 wächst der kleine Viktor Mann in das Münchner Milieu hinein. Er durchstöbert mit seinen gleichaltrigen Freunden Schwabing, geht ins nahe Ungererbad hinüber, veranstaltet Reifenrennen, baut Schneeburgen und rauft

natürlich gern, besonders, als er zum Häuptling seines Stammes gewählt wird. Einen Klassenunterschied kennt er nicht, vor allem nicht im »demokratisch-toleranten München«. Ganz im Gegenteil, er beneidet den Kögl Franzl, den ledigen Sohn einer Näherin, der zu Hause abends »seinen Preßsack oder Backsteinkäse mit der beliebten Mischung aus Pfeffer, Salz und Bier würzt« und nicht wie er – in der Herzogstraße – immer Sprotten, Schinken und Grünkäse essen muß.
Franz Kögl, der Jugendfreund Viktors, erinnert sich noch in den siebziger Jahren an das Haus Herzogstraße 3 und die Fa-

*Frau Senator Julia Mann*
*mit den Kindern Julia, Heinrich und Thomas*

milie Mann. Er, der sich freut, »als kleiner Frosch in die Literatur eingegangen zu sein«, ist bei der »lieben Frau Senator« gern gesehen und gelitten. Sie weiß, daß ihr Sohn Viktor bei den Freunden gut aufgehoben ist. Trotzdem, so fährt Kögl fort, sei den Spielkameraden immer bewußt, daß er das »Herrschaftskind, der Häuptling, das ›Adlerauge‹ ist, wir Kloana seine Trabanten«.

Es läßt sich denken, daß es im Hause der Frau Senator oft Gesellschaften gibt. Die Söhne bringen Freunde und Freundinnen mit, der kleine Viktor führt sogar den Schriftsteller Friedrich Huch ein. Doch man macht auch viele Gegen-, Theater- und Faschingsbesuche. »Ich«, so schildert es der kleine Viktor, »begriff die Erregung, in der Mama und die Schwestern vor einem großen Ball waren, wenn Friseure, Schneiderin, Modistin und die Dienstmädchen in einer Art von Endspurt liefen und werkten, und ich bewunderte die festlich gekleideten Damen sehr, bis die Droschke vorfuhr. Mama gefiel mir dabei fast immer am besten.«

Ein besonderes Erlebnis ist für Viktor Silvester 1899, der Eintritt in das neue Jahrhundert. Es ist ein großes Fest, an dem allerlei Leckerbissen aufgetischt werden. Um Mitternacht zieht alles auf den Balkon. »Ringsum« so schreibt er, »zischten Raketen hoch, auf der Straße schossen feurige Knallfrösche im Zickzack; mißtönende Karnevalstrompeten quiekten, aus einem Wirtshaus rechter Hand tönte der ›Alte Peter‹ und von links der ganz neue Schlager ›Mein Herz, das ist ein Bienenhaus‹. Von der Leopoldstraße her erscholl ebenfalls festliches Getöse; ein Feuerwerk ließ riesenhaft am Himmel die magische Zahl 1900 erscheinen und über all dem schwangen feierlich die Glocken von den Türmen. Aus den Fenstern der Nachbarschaft winkten Menschen mit Gläsern und Maßkrügen.«

# Erich Kästners Nachkriegserlebnisse in der Fuchsstraße 2

Anfang 1946 zieht Erich Kästner (1899–1974), Verfasser des »Fabian«, des »Fliegenden Klassenzimmers«, des »Kleinen Grenzverkehrs« und der »Drei Männer im Schnee«, in das Haus Fuchsstraße 2, in dem er bis 1953 wohnt. Wie er selbst erzählt, freut er

sich hier »stillvergnügt der milden Luft, der Buchfinken und der zartgrünen Bäume« des Frühlings. Seine Wohnung ist »nicht übermäßig groß«, aber das ist auch gar nicht notwendig, denn zu Hause zu arbeiten, hält er für »barbarisch«. Einen Großteil seiner Artikel und Korrespondenzen schreibt er in Schwabinger Cafés und Gasthäusern.

Seine Lebensgewohnheiten sind überhaupt ungewöhnlich. Kästner, der von 1945 bis 1947 Feuilletonredakteur der »Neuen Zeitung« ist und gleichzeitig die Jugendzeitschrift »Pinguin« herausgibt, geht erst lange nach Mitternacht (es wird oft fünf Uhr früh) ins Bett und schläft bis Mittag. »Zum Glück«, so schreibt 1950 eine Zeitung, »gibt es keine leidtragende Ehehälfte, die durch die verkehrte Zeitauffassung zur großen Dulderin geworden ist.« Die Tageseinteilung bringt es mit sich, daß er kaum etwas ißt, dafür aber ungewöhnlich viel raucht und noch mehr trinkt. Champagner ist damals sein Lieblingsgetränk.

München gefällt dem in Dresden geborenen Kästner ausgezeichnet. »Der Bayer hat einen gemächlichen, gemütlichen Puls. Was tut's? Man kann dabei sehr alt werden«, meint er im März 1946. Doch die Vergangenheit lastet schwer auf ihm. Das zerstörte München beschäftigt ihn immer wieder. Von seinem Fenster aus sieht er nichts als zerbombte Gebäude. »Die Ruine gegenüber hat etwas Faszinierendes« schreibt er 1952. »Und aus dem Schornstein, der versehentlich stehen geblieben ist und mich manchmal an einen erhobenen Zeigefinger erinnert, steigt Rauch in den Himmel. Das muß Sie nicht wundern. Im Keller wohnen ein paar Leute. Arme Leute, ja. Aus Böhmen. Seit sieben Jahren. Sie leben mit der Ruine um die Wette. Das heißt, die Eltern des Einbeinigen sind mittlerweile gestorben. Aber es sind Kinder da. Tja, im Keller geboren.«

Eine der großen Leidenschaften des Dichters (neben Tennis) sind die Katzen, von denen zeitweise mehrere in seiner Wohnung herumlaufen. Mit ihnen tollt er durch die Zimmer, springt auf Tische und Stühle, um sie mit einem Bindfaden, nach dem sie haschen, zu necken. Oft erzählt er im Bekanntenkreis eine Anekdote um seinen Kater Maximilian, der schon 1946 die Wohnung in der Fuchsstraße mit ihm teilt: Zu Hause war nicht alles wie sonst. Maximilian, der kleine blaugraue Kater, kam mir nicht entgegen, sondern saß nachdenklich unter einem Stuhl. »Was fehlt ihm denn?« fragte ich das Mädchen, »er macht ein Gesicht, als ob er geheult hätte!« »Geheult hat er nicht Herr Doktor«, sagte sie. »Aber er will immer mit mir spielen, und wenn er mit mir spielt, beißt er mich fortwährend. Das tut weh, und ich verbiete es ihm, doch er folgt nicht.« »Und?« »Er folgt nicht, weil er ja gar nicht weiß, wie weh es tut! Und damit er es endlich weiß und weil es mir zu dumm wurde, da habe ich ihn vorhin, kurz bevor Sie kamen, ganz einfach wiedergebissen!« Ein verblüffend neuer Weg, kleine Kater zu erziehen, dachte ich. Und überhaupt, an dieser Methode ist etwas dran, berichtet der erfolgreiche Schriftsteller.

1953 zieht Erich Kästner in sein Haus im Herzogpark, in dem er bis zu seinem Tode lebt.

# Ernst und Franzi Hoferichter in der Mottlstraße 21

»Deine Lippen sind stürmisch wie die Bucht der Biskaya!« schwärmt der Münchner Schriftsteller Ernst Hoferichter (1895 bis 1966) von seinem einstigen Faschingsgspusi und der späteren Gattin Franzi (1890–1973), die zu Schwabing gehört »wie das Wandern zum Müller«. In der Mottlstraße 21 finden beide nach vielen gemeinsamen Reisen über den ganzen Erdball ihre letzte Wohnung. Franzi ist ihm bis zuletzt »Modell und Kritik«, liest »von mir jede Zeile«, streicht und fügt hinzu. Nebenbei versteht sie »alle Späße des fragwürdigen Daseins«. Kurz, sie ist ein »Mistvieh im Quadrat«, das im Baedeker »mit drei, mit tausend glänzenden und leuchtenden Sternen« versehen sein müßte.

Das sind die Worte des Gatten. Doch auch ihre Bekannten und Freunde wissen nur Lobens- und Liebenswertes über sie. René Prevot schreibt beispielsweise: »Und da war Franzi, dies Eigengewächs München-Schwabings, die ihren jetzigen Gatten, den köstlichen Ernst Hoferichter, auf seinen Reisen rund um die Welt als anregende Muse begleitet hat.«

Hier in der Mottlstraße, am Nordrand Schwabings, schreibt Hoferichter seine letzten Bücher und Geschichten. Er freut sich, wie er sich in seinen Erinnerungen (»Jahrmarkt meines Lebens«) ausdrückt, »über jede gelungene Zeile« und auf das »Läuten des Geldbriefträgers«. »Warm, wie ein Kater, liegt die Sonne auf dem Papier, der Wasserhahn tropft, und die letzten Sätze gehen zu Ende, wie das Reiten durch die Wälder.« Plötzlich ruft ihn Franzi: »Das Essen is' fertig! Heut gibt's Dampfnudeln!« Hoferichter wünscht sich in diesem Augenblick, »daß es für mich noch viele Male Dampfnudeln und ihre Stimme geben möge!« Er ist glücklich in der Mottlstraße und »begnadet von einem kleinen Kreis von Freunden, der frei ist von der Sünde, von der großen Sünde des Lebensneides«.

Der Freundeskreis ist nicht klein. An seinem 70. Geburtstag erscheinen sie vor dem Haus Mottlstraße 21 »in der Dämmerung mit Lampions« (Karl Ude) und gratulieren. Er redet die meisten schlicht mit »Schwager« an, den Oberbürgermeister genauso wie den Kollegen.

Wenn man den Schilderungen seiner Freunde glauben darf, besitzt Hoferichter keinen Schreibtisch. In seinen Erinnerungen berichtet er: »An Schreibtischen kann man nicht einmal über Schreibtische schreiben.« Am liebsten ist ihm der Platz in der Küche, wo er die besten Einfälle hat. Obwohl er ein sehr geselliger Mensch ist, verbittet er sich zwischen 11 und 15 Uhr Telephonanrufe. Abends geht er mit Franzi gern ins Kino, wo er aber öfter einschläft. Nur bei bestimmten Szenen muß ihn die Gattin wecken.

Das Haus Mottlstraße 21, ein kleines Gebäude, das nach Hoferichters Tod umgebaut wird, erlebt eine vollkommene Harmonie zwischen den Eheleuten. Am Krankenlager, das zu seinem Sterbebett wird, schreibt Hoferichter an seine geliebte Franzi: »Unzertrennlich in Äonen / Wo nicht Leid noch Räume wohnen / Liebt die Liebe sicher sich. / Jenseits aller Höh'n und Weiten / Rauschen in die Ewigkeiten / Zwei verschmolzen – Du und ich.« Hoferichter stirbt am 3. November 1966. Es ist wie »ein Alarm, ein Alarm der Herzen, als mit Windeseile von Telephon zu Telephon jeden Schwager und jede Schwägerin in der großen Stadt die Nachricht erreicht« (Wugg Retzer). Aus ist die große Lebensreise. München, »die liebste Stadt der Welt«, ist um einen originellen Schriftsteller ärmer.
1973 stirbt Frau Franzi. Sie verfügt, daß der Erlös aus dem Verkauf ihres Schwabinger Hauses in eine Stiftung eingebracht wird, die alljährlich einen »Ernst-Hoferichter-Preis« zu vergeben hat. Erhalten sollen diesen Preis in oder bei München lebende Schriftsteller, die in ihrem Werk »bayerische Art mit Weltaufgeschlossenheit und Originalität« verbinden.

# Franziska zu Reventlows leidvolles Jahr im Haus Helmtrudenstraße 5

»Unerwartet Geldregen nach langer Dürre«, schreibt die Schriftstellerin Franziska zu Reventlow (1871–1918), Symbol der Schwabinger Bohème um die Jahrhundertwende, am Weihnachtstag 1908 in ihr Tagebuch. Sie ist gerade mit ihrem elfjährigen Sohn Rolf in das Haus Helmtrudenstraße 5 umgezogen und hofft jetzt, daß es das Schicksal mit ihr besser meint als bisher. Die Gräfin, die aus einem alten nordischen Geschlecht stammt, deren Töchter Mätressen der reichen Dänenkönige und Domkapitulare waren, erlebt hier in »großer Seligkeit« ein paar glückliche Tage. Gerne eilt sie durch den »märchenhaft« verschneiten Englischen Garten zum Kleinhesseloher See, wo sie »alle Tage Schlittschuhlaufen« kann. Sie tanzt mit dem Sohn um den Christbaum und ist imstande, sich wieder einmal einen Gansbraten zu leisten.

Dann der Fasching 1909! Sie bleibt bis zum frühen Morgen auf den diversen Bällen und Redouten; wer sie in die Helmtrudenstraße begleitet, bekommt meist das Frühstück serviert. Es scheint, daß sie jede Nacht von einem anderen »Sklaven« hofiert wird. Immerhin ist sie eine attraktive Frau, »die gut duftete«, wie Viktor Mann feststellt. Erich Mühsam bezeichnet sie gar als den »innerlich freiesten und natürlichsten Menschen«, dem er je begegnet sei.

Nach dem Aschermittwoch ist es dann aus mit dem »ungeheuren Karnevalskater«. Sie kommt kurz zur Besinnung. Dann schreibt sie an einen Freund: »Ich bin übrigens aus diesem Karneval als ein anderer Mensch hervorgegangen und habe mein besseres Ich vollständig abgelegt: Ich will keine wirklichen Lieben mehr, weder romantische, noch tragische, womit ich wirklich viel kostbare Zeit meines Lebens vertan habe.« Ab sofort ist sie gewillt, nur noch »auf Wurzen und Pläsier« auszugehen, »das ist bedeutend lustiger«.

*Gräfin Franziska zu Reventlow*

Zu Hause in der Helmtrudenstraße bemuttert sie wie immer ihren Sohn Rolf, den sie zärtlich »Bubi« nennt. Doch auch mit ihm hat sie Sorgen. Im Januar 1909 bekommt er Scharlach und an Ostern entkommt er gerade noch einer Lungenentzündung. »Das war sehr traurig und er ist sehr deprimiert, daß er schon wieder im Bett liegen sollte«, schreibt sie über Rolf, dem sie am Osterfest zum Trost »viel Eierhäschen« ans Bett bringt. Zu allem Unglück stirbt ihm auch noch sein Lieblingsvogel. »Viel Tränen. Bubi will sich gar nicht wieder aufheitern«, berichtet sie in diesen Tagen.

Wenn es ein bißchen geht, macht sie Ausflüge. So verbringt sie »ganze Vor- und Nachmittage an der Isar bei Oberföhring«, um den »wundervollen Frühling wirklich in vollen Zügen« zu genießen. Bewußt legt sie »die Unannehmlichkeiten beiseite« und denkt an nichts, »als daß die Welt so schön ist«. Gerne rudert sie auch mit ihrem Sohn auf dem See im Englischen Garten.

Doch dann kommen wieder die Depressionen. »Ich will nicht mehr und mag nicht mehr«, schreibt sie einem Freund. Was sie allerdings vorhat, verschweigt sie. »Vielleicht wird es sehr nett, vielleicht sehr greulich und ein Ende mit Schrecken.« Ihr Herz »ist ganz in Fetzen«. Den Sohn will sie fortgeben, damit sie sich »ganz in den Schlamm der Welt werfen« kann. Auch die Stadt (»München mordet uns alle«) ist sie plötzlich leid. Dann wird sie noch krank. »Ich bin schlecht gesund und würge an Zukunftsgedanken«, schreibt sie ins Tagebuch. Das Haus Helmtrudenstraße 5 sieht eine tiefunglückliche Komteß.
Den Sommer verbringt sie mit Sohn Rolf am Chiemsee. Als sie am 2. Oktober in die Helmtrudenstraße zurückkommt, wartet wieder eine böse Überraschung. »Es fängt gut an«, meint sie und fährt fort: »Heute früh Hausbesitzer und Hausmeister vereint angetobt, um mir zu kündigen.« Doch sie nimmt es wieder nicht zu ernst und fährt auf die Wies'n zum Oktoberfest, wo sie sich »sehr vergnügt«. Fünf Tage später der zweite Schlag. Der Zahnarzt schickt eine Rechnung über fast 800 Mark. »Ich täte wirklich am besten, mich aufzuhängen«, schreibt sie daraufhin. Nirgends ist Geld in Sicht, und das, obwohl sie »in all den Jahren geradezu Fronarbeit für den Albert Langen-Verlag leistet, um mit schlecht bezahlten Übersetzungen sich und ihr Kind über Wasser zu halten«, wie ihre Enkelin Beatrice del Bondio-Reventlow erzählt.
Bald hat sie auch eine neue Wohnung: Leopoldstraße 41, ihr letztes Domizil in München. Dann macht sie wahr, was sie bereits ankündigte. Sie verläßt München und zieht ins Tessin, wo sie am 27. Juli 1918 stirbt. In das Haus Helmtrudenstraße 5 zieht ein paar Jahre später der Theaterwissenschaftler Artur Kutscher (1878–1960) ein.

# Lena Christ als Köchin in der Floriansmühle

Die Floriansmühle im Norden der Stadt (Freisinger Landstraße) erlebt die glücklichsten Wochen der größten bayerischen Dichterin. Als die 19jährige Lena Christ (1881–1920) im Jahr 1900 durch den Englischen Garten in die beliebte und belebte Ausflugsgaststätte neben der großen Mühle kommt, hat sie ein wahres Martyrium hinter sich, wie sie in ihren »Erinnerungen einer Überflüssigen« erzählt. Die böse Mutter hat sie so mißhandelt und ihr dabei wiederholt den Tod gewünscht (»Hin muaßt sein!

Verrecka muaßt ma!«), daß sich Lena als 18jährige auf dem Hackstock die Pulsadern aufschneidet und nur mit Mühe vom Arzt gerettet wird. Nach ihrer Heimkehr vom Spital fragt sie die Mutter zynisch: »Hat di jatz der Teifi no net gholt! Bist no net hin?«

Lena Christ spricht wenig später in der Floriansmühle vor, wo sie als zweite Köchin eingestellt wird. »Als ich auf den Hof kam«, so berichtet uns die Dichterin in ihren Erinnerungen, »schlug es neun Uhr, und der Obermüller und die Mühlknechte machten grad Brotzeit und holten sich ihr Bier.« Sie tritt mit einem »lauten Grüß Gott« in die Küche, »wo es schon überall dampfte und brodelte.« Am Nachmittag schon gehts »drunter und drüber«. Da kommen »Herrschaften in ihren Equipagen, die sich mit Brathändln, Eierspeisen, kalten Platten und dergleichen Leckerbissen« aufwarten lassen und selbstverständlich auch Radfahrer, die »in großer Eile« ihren Kaffee trinken.

Im Herbst quartieren sich Offiziere und Soldaten ein, die sich gerade auf Manöver befinden. Unvergeßlich für das 19jährige Mädchen die Abende, an denen nach den Klängen einer Ziehharmonika fröhlich getanzt wird. Bald ist sie »der Liebling der Offiziere und vieler vornehmer Gäste«. »Doch«, so meint das hübsche Wesen, »nicht nur die reichen Herren, auch etliche Burschen aus der Mühle hätten mich gern zu ihrem Schätzlein gehabt.« Einmal will es einer von ihnen mit dem Fensterln probieren. Sie aber erwidert resolut: »Mei Ruah will i habn! I brauch koan Burschn zum Fensterln; wer sie net zu der Tür' reitraut, soll ganz wegbleibn!«

Mitten in der Zeit, als die Burschen aus nah und fern auf die zierliche Lena aufmerksam werden, erscheint die Mutter. Die böse Frau schreckt nicht davor zurück, ihre Tochter vor den Herrschaften schlecht zu machen und sie des Diebstahls von zehn Mark zu bezichtigen. Die Hausfrau der Mühle antwortet etwas indigniert: »Was Sie mit Eahnera Tochter dahoam g'habt

habn, geht mi nix an. Bei mir is sie rechtschaffen und ehrli, und konn i ihr net's geringste nachredn.«

Da kehrt die Mutter grimmig um, »die Tür krachend hinter sich zuwerfend«. Lena läuft ihr nach und händigt ihr zehn Mark von ihrem ersparten Geld aus. Selbst darauf bekommt sie die heftigsten Vorwürfe. »Oho, schneibt's leicht dir d' Goldstückl, daß d' so rumschmeißt damit?«

Doch dann kommt die Versöhnung im Garten der Floriansmühle. Die Mutter will ihre Tochter wieder bei sich zu Hause haben. »Sonst nix mehr!« schreit daraufhin die Hausfrau, die den Vorgang beobachtet. »Lenerl, Sie bleibn mir da! Jatz hätt i amal oane, die was taugn tat, jatz laufat s' mir nix, dir nix davo! No amal sag i 's, Sie bleibn da!«

Mitte Dezember sind die glücklichsten Wochen der Lena Christ vorbei. Sie kehrt aus völlig unverständlichen Gründen, »begleitet von den Segenswünschen« der ganzen Floriansmühle, wieder zur Mutter zurück. Nach einer kurzen Rast- und Ruhezeit beginnt abermals der große Leidensweg, der am 30. Juni 1920 durch Selbstmord endet. In der Zwischenzeit schreibt Lena Christ Romane, Geschichten und ihre »Erinnerungen einer Überflüssigen«, die zum Besten gehören, was die bayerische Literatur seit Walther von der Vogelweide hervorgebracht hat.

Heute ist in dem Gebäude der Floriansmühle keine Gaststätte mehr untergebracht. Der Eigentümer baute es zu einem Wohnhaus um. Daneben allerdings wurde ein modernes Hotel garni errichtet. Die Mühle selbst ist nicht mehr in Betrieb.

# Jenseits der Isar

# Eduard Grützners gemütliche Villa in Haidhausen Grütznerstraße 1

1884 wird das »echt gotische Haus« des Malers Eduard Theodor Grützner (1846–1925), eines Freundes Carl Spitzwegs, in der Grütznerstraße 1 fertig, und der Künstler, der in Großkarlowitz geboren ist, zieht mit einer Unmenge von Antiquitäten und selbstgemalten Bildern in die gemütliche Villa oberhalb des Maximilianeums. Von hier startet er weiter seine Beutezüge, die ihn durch das ganze Königreich und nach Tirol führen und ihm weitere Schätze aus der Gotik und Renaissance einbringen.
Zu Hause malt er, wie schon zu seiner Studienzeit bei Karl von Piloty (1826–1886) – Grützner kommt bereits 1864 nach München –, die Klosteridylle, Bilder, die die heile Welt in den Kellern und Küchen, Bibliotheken und Brauereien, Weinbergen und Wirtshäusern der nach der Säkularisation wiedereröffneten Klöster zeigen.
In seiner Villa treffen die Bestellungen aus nah und fern ein. Fleißig sitzt der Meister in seinem Atelier vor der Leinwand und produziert. Viele Bilder wandern damals schon nach Amerika, so daß das ganze Spektrum seines Schaffens kaum ganz auszuloten ist. Heute hängen seine Bilder in München (Neue Pinakothek), Dresden, Königsberg, Leipzig und Leningrad.
Die Vorwürfe vieler Zeitgenossen, daß er »halt immer Pfaffen« male, sind nur zum Teil richtig. Grützner kümmert sich auch um Motive aus dem Jäger- und Schauspielerleben, Falstaff hat es ihm ebenso angetan wie die Landschafts- und Blumenmalerei. Seine Hobbys sind Musizieren und Lesen. Shakespeare, Mozart und Beethoven verehrt er besonders.
Grützners Haus ist eines der gemütlichsten in München. Für gesellige Stunden hat er ein eigenes gotisches Kneipzimmer eingerichtet. Hier wird mit Freunden und Verehrern, Besuchern und Kollegen diskutiert und gelacht. Der alte Spitzweg (1808 bis

1885) besucht ihn hier in seinem letzten Jahr, und auch Walzerkönig Johann Strauß (1825–1899) läßt es sich hier gutgehen. Eine Besucherin berichtet einmal über eine Einladung: »Der Künstler hatte einen großen, gekochten Schinken und einen Korb mit geschnittenem Hausbrot neben sich stehen und säbelte vom Schinken gerade soviel ab, daß es zusammen mit einem Stückerl Brot einen Bissen ergab. Jeden so zurechtgemachten Bissen spießte Grützner auf die Gabeln, verteilte sie nach und nach an die Gäste, fütterte damit wie eine Vogelmutter ihre Jungen im Nest.«

Grützners Leben verläuft so gemütlich, wie er es auf seinen Bildern darstellt. Zwist und Zank der Münchner Künstler dringen kaum in sein Haus, das er immer als einen Hort des Friedens gewahrt wissen will.

Der Meister ist ein tiefreligiöser Mensch. Seit Cosmas Damian Asam (1686–1739) ist es kaum mehr einem Münchner Künstler eingefallen, in seiner Villa eine Hauskapelle einzubauen. Dem Klostermaler schon. Er gestaltet seinen neugotischen Kirchenraum in ein künstlerisches Kleinod um. Nur die erlesensten Plastiken und Bilder aus dem Mittelalter und der frühen Neuzeit finden darin Platz. Die meisten Münchner Kirchen können mit Grützners Hauskapelle nicht konkurrieren.

»Gemütlich und behaglich lebt er mit seiner Familie«, schreibt Louise von Kobell (1828–1901), die den Maler kurz vor der Jahrhundertwende besucht. »Zur Weihnacht«, so berichtet sie weiter, »versteht er den Christbaum so zu schmücken, daß sich alle, die ihn sehen, groß und klein, alt und jung, daran erfreuen. Bisweilen verzweigt er die Tannenäste längs der ganzen Zimmerdecke, da glitzert und flimmert es von Sternen und Lichtern, und buntfarbig schimmert es durchs grüne Gewölbe.«

# Wilhelm Röntgen im Haus Prinzregentenstraße 61

Wilhelm Conrad Röntgen (1845–1923), der Entdecker der nach ihm benannten Strahlen (er selbst nannte sie X-Strahlen) und der bedeutendste europäische experimentelle Physiker vor der Jahrhundertwende, wohnt von 1900 bis 1919 in der Prinzregentenstraße 61. Hier erhält er kurz nach seinem Einzug die Nachricht aus Stockholm, daß ihm der erste Nobelpreis für Physik zuerkannt wird.

Als Röntgen nach München kommt, ist er ein weltberühmter Forscher. Doch München sagt ihm von Anfang an nicht zu. Ihn und seine Frau Bertha zieht es an die ehemalige Wirkungsstelle nach Würzburg. Seine Frau schreibt am 27. Dezember 1902: »Es waren doch schöne Zeiten in Würzburg. Hier läßt mich noch so ziemlich alles kalt.«

Ihr Mann ist mit den Verhältnissen an der Universität und mit dem Kultusminister, den er für einen »Bürokraten« hält, äußerst unzufrieden. Über seine Kollegen an der Universität schreibt er am 31. März 1905: »In München könnte so vieles so schön und gut sein, wenn nur nicht so manche Leute da wären, die hauptsächlich von ihrer eigenen Bedeutung so sehr überzeugt sind, ohne daß sie dazu einen genügenden Grund haben.«

Röntgen lebt in »den etwas düster-prunkvollen Gesellschaftsräumen« der Prinzregentenstraße ein einfaches, ja spartanisches Leben, zumal in den Kriegsjahren. Er verbietet seiner Frau, ein zu üppiges Essen aufzutischen und wiegt die zur Mahlzeit bestimmten Lebensmittel ab, damit ja nicht zuviel verbraucht wird. Im Rahmen der Sparmaßnahmen wird plötzlich aus Brennesseln Spinat gemacht, und Rohrnudeln, die klassische Dienstbotenspeise, sind bald Röntgens Lieblingsgericht. Luxus ist ihm von jeher verhaßt. Im Jahr 1922 ärgert ihn vor allem das Münchner Faschingstreiben. »Von dem verschwenderischen, durch Aufputz und Benehmen ekelhaften Faschingsleben hier können Sie sich keinen Begriff machen«, schreibt Röntgen an eine Bekannte und fügt hinzu: »Und dabei leiden so viel, viel Menschen not. Es ist furchtbar traurig.«

Große Gesellschaften gibt es im Hause Röntgen nur selten. Wenn er seine Ferien und freien Tage nicht gerade in seinem Weilheimer Jagdhaus verbringt, widmet er sich in seiner Wohnung der Musik oder dem Würfelspiel. Die Musik wird für ihn und seine Frau bald zu einem bestimmenden Element. Da Frau Bertha aus Gesundheitsgründen nicht mehr ins Konzert gehen kann, schafft er eines Tages einen Welte-Mignon-Flügel an, ein

Instrument, auf dem Interpretationen berühmter Pianisten mittels Papierwalze wiedergegeben werden können. Er schreibt 1914: »Ein paar Blumen hatte ich meiner Frau geschenkt und sonst für uns beide Brahms' Variationen und Beethoven op. 109. Beide Musikstücke wurden dann dem Mignon übergeben, und begierig lauschten wir seinen Tönen.« Später kommen Freunde in die Wohnung und geben für das Ehepaar Klavierkonzerte.
»Der alte Einsiedler«, wie sich Röntgen schon 1915 nennt, erlebt in München auch die Revolution mit. Als er einmal von der Universität heimgeht, gerät er unversehens in einen Demonstrationszug. »Ich hielt ihn noch für ziemlich harmlos«, schreibt er, doch dann merkt er nach etlichen Diskussionen in seiner Wohnung, wie sehr sich die politische Szenerie ändert. »Armes, armes Deutschland, was wird aus dir werden?« Besonders beklagt er den immer stärker werdenden Antisemitismus. »Daß anständige Menschen von minderwertigen Personen so offen schwer gekränkt werden können, ist ein trauriges Zeichen«, meint Röntgen in einem Brief.
Wenige Tage vor dem Tod seiner Frau (31. Oktober 1919) muß er sein Haus verlassen, da es der Besitzer, Prinz Alfons, selbst benötigt. Röntgen zieht in das Gebäude Maria-Theresia-Straße 11, wo er seine letzten Lebensjahre verbringt.

# Franz von Stuck und seine Villa Prinzregentenstraße 60

Keinen Münchner Künstler hat weibliche Schönheit so angelockt wie Franz von Stuck (1863–1928). Schon als junger Bohemien versteht er in Schwabing zu lieben und zu leben, er hat immer die schönsten Modelle, »Tizianschönheiten«, wie ein Zeitgenosse einmal feststellt, und Erfolg. Seine »Sünde« (Neue Pinakothek) hält so mancher Münchner für das »größte Kunstwerk aller Zeiten«, erzählt uns Hans Carossa (1878–1956) in seinen Erinnerungen. Stuck wird mit der verführerischen Frau plötzlich weltberühmt.

Kurz vor der Jahrhundertwende taucht die adrette und ehrgeizige Mary Lindpaintner (1866–1929) in seinem Leben auf, »eine sehr schöne Frau«, wie Katja Mann in ihren »Ungeschriebenen Memoiren« berichtet. Auch der Dichter Rudolf Alexander Schröder (1878–1962) erinnert sich noch als 63jähriger an »Stucks Gattin im vollen Glanz unvergleichlicher Jugendschöne«. Oft steht sie ihrem Gatten Modell.

Mary Lindpaintner, eine Freundin von Stucks Jugendgeliebter Anna Brandmeier (von ihr hat er die Tochter Mary), hat auch gleich große Pläne. Sie überredet den Künstler zum Bau der Stuckvilla in der Prinzregentenstraße, die 1898 fertig ist. Im selben Jahr erscheinen Maler und Modell als Römerpaar auf dem Münchner Künstlerfest. »Der Kampf ums Weib« – so der Titel eines seiner Gemälde – geht in der neuen Villa weiter. »Faun und Nixe« (1902) und »Salome« (1906) entstehen, Stuck malt unter anderem wiederholt die »Sünde« und »Susanna im Bade«.

1902 kommt es in der Stuck-Villa zu einer Begegnung zwischen der berühmten amerikanischen Tänzerin Isadora Duncan (1878 bis 1927) und dem Meister, der inzwischen Kandinsky und Klee (1879–1940) unterrichtet. Die Primaballerina ist ihm bitterböse, weil er sie nicht im Künstlerhaus tanzen lassen will, obwohl

*Franz von Stuck, Selbstbildnis, 1906. Florenz, Uffizien*

FRANZ
VON
STVCK
MCMVI

*Hauptbau der Stuck-Villa 1897/98,*
*links anschließend Atelierbau, 1914 errichtet*

Lenbach und Kaulbach dafür sind. Stuck hält Tanzen für keine Kunst.
Die eloquente und elegante Dame will ihn vom Gegenteil überzeugen und besucht ihn kurzerhand. Ohne Hemmungen entkleidet sich die 24jährige vor ihm, zieht ihre Tunika an und wirbelt barfuß durch den Raum. Frauenschönheit hat Stuck ja schon immer fasziniert. So gibt er schließlich nach und seine Zustimmung.
Ehe sich Stuck und seine »Salome« trennen, unterhalten sich beide noch »ohne Unterbrechung vier Stunden lang über die Heiligkeit meiner Mission und über die Entwicklungsfähigkeit des Tanzes als Kunstgattung«, berichtet uns die Duncan. Überglücklich verläßt sie die Stuck-Villa. Ihr Debüt im Künstlerhaus bildet nach ihrer Auffassung »das bedeutendste künstlerische Ereignis und die größte Sensation Münchens seit vielen Jahren«.
Zu den bedeutendsten Schülern Stucks zählen Paul Klee und

Wassily Kandinsky, der seinen Meister eingehend würdigt: »Stuck sprach immer sehr wenig und manchmal nicht sehr klar. Ich mußte manchmal nach der Korrektur lange über seine Äußerungen nachdenken – fand sie später aber fast immer gut.« Kandinsky spürt vor allem »die tiefe Liebe Stucks zur Kunst und einen hohen Respekt vor ihr«.

1913 feiert Stuck seinen 50. Geburtstag in seinem großen Haus. Er wird Geheimrat und Ehrenbürger der Münchner Universität. Seine Freunde organisieren einen großen Fackelzug zu seiner Villa. Der Meister malt diesen Zug ebenso wie das Galadiner. Sechs Jahre später wird er als Gefangener und Geisel der Räterepublik aus der Stuck-Villa fortgeführt. Wie durch ein Wunder entrinnt er der Erschießung.

Immerhin, und das wissen die Revolutionäre, geht es bei den Stucks sehr ständisch zu. Wie Katja Mann erzählt, hat das Ehepaar Stuck bei offiziellen Einladungen »eine merkwürdige Auffassung von einer Tischordnung«. Sie berichtet: »An einem Tisch setzen sie alle Aristokraten, an den zweiten setzen sie alle besseren Leute, und an den dritten Tisch setzen sie den Abhub, Leute, die sie meinten, niemandem zumuten zu können. Einmal hatten sie einen Universitätsprofessor und seine Frau eingeladen. In der Villa Stuck zählten sie zum Abhub. Sie waren beide rein jüdisch, und die Frau war ziemlich abschreckend häßlich. Nun, man hätte sie dann gar nicht einladen sollen. Aber so ging es dort zu.«

1966 kaufte der Münchner Kaufmann Hans Joachim Ziersch den Erben des Künstlers die Villa ab und stiftete sie dem Stuck-Jugendstil-Verein e.V. Im Haus sind heute das Stuck-Museum und drei Galerien untergebracht.

## Hitlers »kleinbürgerliche Wohnung« am Prinzregentenplatz 16

1929 zieht Adolf Hitler, in Deutschland inzwischen zu einem berühmten und berüchtigten Agitator geworden, von seinem bescheidenen möblierten Zimmer in der Thierschstraße 41 in das Haus Prinzregentenplatz 16. Dort bewohnt er eine komfortable Neun-Zimmer-Wohnung. Der Hausbesitzer ist zunächst skeptisch und schließt den Mietvertrag erst ab, als ein reicher Münchner die Bürgschaft für die pünktliche Bezahlung der Miete auf einige Jahre übernimmt.

Bald kommt seine Halbnichte – Tochter der Halbschwester – »Geli« (Angelika) Raubal, die Gesangs- und Schauspielunterricht nimmt, zu ihrem geliebten »Onkel Alf«, der sie zu einer großen Wagner-Sängerin ausbilden lassen will. Sie ist »seine einzige und, so eigentümlich unangemessen es klingen mag, große Liebe, voll der Verbotsgefühle, der Tristanstimmungen und der tragischen Sentimentalität« (Joachim Fest).
Bis heute ungeklärt ist die Frage, wie Geli 1931 in der Wohnung ums Leben kommt. Begeht sie Selbstmord, weil sie von ihm ein Kind erwartet? Läßt Hitler sie deswegen umlegen? Macht sie wegen Hitlers neuer Geliebten Eva Braun Selbstmord? Ist die SS daran beteiligt, die fürchtet, Hitler lasse sich von ihr ablenken? Tausend Gerüchte. Am ehesten darf angenommen werden, wie der Münchner Historiker Karl Alexander von Müller (1882 bis 1964) in seinen Erinnerungen schreibt, »daß das lebenslustige und sinnliche Mädchen durch die kasernenhaft derben Gespräche und Sitten von Hitlers Umgebung völlig verwirrt und zudem durch angebliche Weissagungen, die ihr zugetragen worden seien, förmlich in den Tod getrieben wurde«.
Feststeht, daß Hitler mitten in seinen Propagandareisen im September 1931 von Rudolf Heß erfährt, die Nichte sei tot. Obwohl er in Hamburg zu einer großen Kundgebung erwartet wird, läßt er hinter Nürnberg umkehren. Wenn man den Berichten glauben darf, betritt er total erschöpft, bis aufs äußerste deprimiert und todtraurig seine Wohnung. Er ist mit den Nerven so fertig, daß er erwägt, mit Politik und Polemik Schluß zu machen. Beim Besuche einer bekannten Familie ist er »völlig gebrochen« und schluchzt »fassungslos einige Stunden«.
»Onkel Alf« hängt so sehr an dem Mädchen, daß er an der Stelle, wo es tot aufgefunden wird, eine Büste Gelis aufstellen läßt. An ihrem Todestag pilgert er Jahr für Jahr in seine Wohnung und schließt sich stundenlang in das Zimmer ein, um über Schicksal und Sterben des Mädchens zu meditieren.
Knapp eineinhalb Jahre später ist Hitler schon Reichskanzler. Kurz darauf ist Albert Speer, sein späterer Rüstungsminister, bei ihm zu Gast. Speer schreibt über diese Begegnung in seinen

»Erinnerungen«: »Wir hielten vor einem mehrstöckigen Mietshaus in der Nähe des Prinzregenten-Theaters. Die Wohnung Hitlers lag zwei Treppen hoch. Ich wurde zunächst in einen Vorraum eingelassen, der mit Andenken oder Geschenken niedrigen Niveaus vollgestellt war. Auch die Möblierung zeugte von schlechtem Geschmack. Ein Adjutant kam, öffnete eine Tür, sagte formlos ›Bitte‹, und ich stand vor Hitler, dem mächtigen

Reichskanzler. Vor ihm auf einem Tisch lag eine auseinandergenommene Pistole, mit deren Reinigung er anscheinend beschäftigt gewesen war.«

Genau drei Jahre später, im Sommer 1936, ist Speer wieder Gast am Prinzregentenplatz 16. Er berichtet darüber in seinen »Spandauer Tagebüchern« recht ausführlich. Unter anderem meint Speer: »Hitlers Wohnung war die eines Privatmannes von mittlerem Einkommen, etwa eines Studienrats, des Filialleiters einer Depositenkasse, eines kleinen Geschäftsmannes. Die Einrichtung war von kleinbürgerlichem Zuschnitt. Reichgeschnitzte, massiv eichene Herrenzimmermöbel, Bücher hinter Glastüren, gestickte Kissen mit zärtlichen Inschriften oder kräftigen Parteiwünschen. In einer Zimmerecke stand eine Richard-Wagner-Büste, an den Wänden hingen, in breiten Goldrahmen, idyllische Malwerke der Münchner Schule. Nichts verriet, daß der Inhaber dieser Wohnung seit drei Jahren deutscher Reichskanzler war. Es roch nach gebackenem Öl und säuerlichen Abfällen. Im Schlafraum pflegte sich Hitler morgens am offenen Fenster zu ertüchtigen. Wie er mir einmal erzählt hatte, zwang er sich seit langem, täglich mit einem Expander zu arbeiten.« Soweit Albert Speer.

Heute ist das ehemalige Führerhaus längst kein Wohngebäude mehr. Eigentümer ist der Freistaat Bayern, der darin die »Zentrale Bußgeldstelle für das Land Bayern« eingerichtet hat.

# Künstlertreffpunkt Hildebrandhaus
## Maria-Theresia-Straße 23

In diesem Haus des berühmten Bildhauers Adolf Hildebrand (1847–1921) gehen wie kaum in einem anderen Münchner Gebäude die Großen um die Jahrhundertwende ein und aus: Wilhelm Furtwängler, Ludwig Curtius, Cosima Wagner, Isolde Kurz, Prinzregent Luitpold, Kronprinz Rupprecht, Wilhelm Röntgen, Max Reger, Hans Pfitzner, Richard Strauss, Karl Wolfskehl, Bruno Walter, Hermann Levi, Ricarda Huch, Werner von Siemens, Heinrich Wölfflin, um nur die Wichtigsten zu nennen. Die vielseitigen Gespräche, kleinen Feste, heißen Diskussionen sind für Curtius »einer der größten Wunderfälle moderner Kultur«. In seiner Werkstatt erfüllt Hildebrand Aufträge, die aus ganz Deutschland eingehen. Im besonderen Maße findet er aber bei den Wittelsbachern Betätigung und Bestätigung.
Curtius beschreibt uns ausführlich das Leben in diesem einmaligen Künstlerhaus. Er lobt den großen »reinlichen Park«, in dem »das so farbige, mild-warme Herbstlicht der oberbayerischen Hochebene unter dem blauen Himmel die eben sich färbenden Blätter zu ihrem ersten Rot erglänzen« läßt. Im Hause selbst hört er aus der Werkstatt »ferne halb dumpf die Meißelschläge des Bildhauers, und eine Frauenstimme singt am Flügel zur morgendlichen Erbauung eine Arie von Johann Sebastian Bach«.
Als Hildebrand mit dem Bau seiner Künstlervilla in Bogenhausen beginnt und im Oktober 1898 einzieht, ist er gerade fünfzig Jahre alt und steht im Zenit seines Ruhms. Sein Wittelsbacher-Brunnen am Lenbachplatz ist seit 1894 fertig und bringt ihm seitdem Beifall und Bewunderung. Der Hubertusbrunnen ist in Auftrag. Zwar pendelt er noch öfter zwischen seinen Villen in Florenz und München hin und her, doch die Aufgaben, mit denen er hier betreut wird, gestatten keine allzu lange Abwesenheit. 1915 läßt sich Nobelpreisträger Wilhelm Röntgen (1845 bis

*Adolf von Hildebrand*

1923) von Hildebrand eine Büste anfertigen. Der Forscher berichtet über die Werkstattatmosphäre: »Die Stunden vergehen verhältnismäßig rasch, denn Hildebrand versteht es vorzüglich, sein Beobachtungsobjekt zu unterhalten, so daß das Gespräch gar nicht ausgeht. Die Unterhaltung mit Hildebrand ist mir sehr interessant und anregend.«
Der Meister ist neben Rodin (1840–1917) der bedeutendste Bildhauer seiner Zeit. »Von ihm datiert eine ganz neue Auffassung der Plastik in Deutschland, eine Befreiung von der durchaus naturalistischen Einstellung, wie sie vorher auch im Dekorativen herrschte, eine Rückkehr zur Natur und zur Reinheit der Anschauung« (Thieme-Becker).

Erst mit dem Ausbruch des Ersten Weltkrieges beginnt die Zäsur im Hildebrandhaus. Die friedliche und fröhliche Idylle weicht jetzt immer mehr aus dem Künstlerhaus. Die lukrativen Aufträge stocken, die Freunde verlassen mehr und mehr die Stadt. Als die Revolution gar die Gönner aus der Residenz stürzt, ist die Uhr des Meisters endgültig abgelaufen. Am Silvesterabend des Jahres 1919 holt er sich in seinem Münchner Haus eine Lungenentzündung, kurz darauf trifft ihn der Schlag. Am 18. Januar 1921 stirbt er in der geliebten Villa.
Kronprinz Rupprecht, sein Freund, schreibt darauf dem Schwiegersohn des Verstorbenen: »Heute war ich im Hause Hildebrand. Welch schmerzliche Gefühle mich bewegten, als in den bekannten Räumen all die Erinnerungen an den dahingeschiedenen, mir so verehrten Meister und Mann wieder lebendig wurden, brauche ich Ihnen nicht zu schildern. Nicht allein seine Angehörigen haben an ihm viel, sehr viel verloren, ich insbesondere verliere an ihm einen wahrhaft väterlichen Freund, dem ich viel Dank schulde.«
In den letzten Jahren rückte das Hildebrandhaus noch einmal in den Mittelpunkt des Münchner Geschehens. Der Besitzer wollte es abreißen und einen modernen Block hinbauen. Der Münchner Oberrechtsrat Dr. Walter Grasser jedoch rettet die Villa, indem er ein Enteignungsverfahren in Gang setzt.
Heute sind im Hildebrandhaus die Monacensia- und die Handschriftensammlung der Stadtbibliothek untergebracht.

# Rudolf Diesel baut am Isarhang
## Maria-Theresia-Straße 27

»Eines der schönsten und reichsten Häuser Münchens« baut sich 1900 Rudolf Diesel (1858–1913), der weltberühmte Ingenieur und Erfinder des nach ihm benannten Motors. Der in Paris geborene Naturwissenschaftler steht gerade am Höhepunkt seiner Laufbahn und genießt überall in Deutschland höchsten Ruhm. Kurz bevor er in sein Haus einzieht, erhält er, der schon 1870 nach Augsburg übersiedelt, auf der Pariser Weltausstellung von 1900 den begehrten Grand Prix.

Der Bau des Hauses am Isarhang (Maria-Theresia-Straße 27) dauert knapp zwei Jahre. Wie Diesels Sohn Eugen in seinen Erinnerungen (»Diesel – Der Mensch, das Werk, das Schicksal«) berichtet, gibt es dabei aber viel Ärger, der Gesundheit und Nerven des Ingenieurs stark angreift. Der Platz ist teuer, und »der Bau selbst wird viel kostspieliger, als es Diesels Plänen entspricht«. Der Bauherr kann nämlich »das Haus nicht gut genug haben«. So läßt er doppelte Grundmauern bauen, damit die Bodenfeuchtigkeit ferngehalten wird. Die Doppelfenster werden

»mechanisch durch die denkbar beste Anordnung gekoppelt, so daß sich beide Fenster gleichzeitig« bewegen lassen. »Die Küche«, so erzählt Eugen Diesel weiter, ist »eine der schönsten Münchens«. Neben ihr liegt eine »große besondere Abwaschküche«.

»Die gewaltige Halle«, die Hauptursache der hohen Kosten, geht durch zwei Stockwerke, hat »eine breite Treppe mit einem aus dem Vollen geschnitzten Eichenholzgeländer, oben das Billard- und Jagdzimmer und die umlaufende Galerie, unten in den Ecken behagliche Sitzräume, einen gewaltigen Kamin mit dem Bilde des Hausherrn darüber und Glasmalereien in den hohen Fenstern«. An der großen Südwand, die mit grünem Samt bezogen ist, hängt ein »riesiges Gemälde« aus der Schule Paolo Veroneses.

Eugen Diesel beschreibt weiter das »liebliche Gartenzimmer«, das »englische Wohnzimmer«, den Louis XV-Salon, das Arbeitszimmer Diesels »in dem merkwürdigen Jugendstil jener Tage«, das Eßzimmer (»ein Prachtraum mit Mahagonitäfelung und dem großartigen Marmorkamin«) und die fünf Badezimmer.

Als Diesel im Frühjahr 1901 in dieses kleine Schloß einzieht, ist alles »von entzückender großartiger Beschaffenheit«. Über dem Eingang hängt ein bekränztes Transparent mit der Inschrift »Hic habitet felicitas, nil mali intret« (= Hier möge das Glück wohnen, nie möge ein Übel eintreten). Am Haustor nimmt Vater Diesel seinen zwölfjährigen Sohn Eugen »sehr ergriffen an die Hand« und sagt: »Nun schwöre mir, daß du ein großer Ingenieur wirst.« Eugen steht »viele Jahre lang unter dem gewaltigen Eindruck dieser Szene«.

Staunende Besucher, Experten aus aller Herren Länder, Angehörige des Königshauses, Künstler, Studenten, Professoren und Industrielle aus dem In- und Ausland bewundern dieses große Haus mit dem blühenden Garten, vor dem von 1905 an ein rotes Auto parkt. Unterhalt und Leben verschlingen eine Menge Geld, »wohl alles in allem 90000 Mark«, berichtet Eugen Diesel und fügt hinzu: »Aber man heißt Diesel und ist jung. Und schließlich – es sind noch große Mittel da.«

*Rudolf Diesel*

In seinem Arbeitszimmer stellt Diesel nicht nur technische, sondern auch gesellschaftspolitische Überlegungen an. Das soziale Problem geht ihm nicht aus dem Kopf. Die Zukunft, so ist er überzeugt, bringe »unerhört soziale Erschütterungen«. Zu seinem Sohn sagt er oft: »Du wirst es erleben, du wirst es erleben.« Er liest die großen volkswirtschaftlichen Werke, stellt statistische Erhebungen an, schreibt sogar ein Buch, das er »Solidarismus« tituliert und besucht die Erste-Mai-Feiern im Herzogpark. Einige Arbeiter erkennen ihn dort und grüßen ihn freundlich. Zahlreiche Industrielle diskutieren mit ihm in seiner Luxusvilla über Marxismus, Veredelung der Massen, Streikrecht und ähnliche die Arbeiterfrage betreffende Probleme. Friedrich Naumann, Hofprediger Dryander und Professor Lujo Brentano gehören unter anderen zu seinen Gesprächspartnern.
Von der Bogenhausener Villa aus bricht Diesel zu sehr vielen Reisen auf, die ihn unter anderem nach Amerika, Rußland und Italien führen. »Du glaubst nicht«, schreibt er 1910, »welcher Hexentanz jetzt mit diesen Motoren überall los ist. Ich kann hinkommen, wohin ich will, überall zeichnet, baut, construiert und verhandelt man über Dieselmotoren.« Bereits 1913 sind »mehrere hundert Seeschiffe« mit Dieselmotoren ausgestattet. Sein Ruhm wird »zum Weltruhm«, berichtet Eugen Diesel.
Letzter Höhepunkt im Leben des berühmten Ingenieurs ist ein großer Empfang in der Diesel-Villa. Mehrere hundert amerikanische Ingenieure werden von Diesel begrüßt. »Alle Räume, die Salons, das Gartenzimmer, die Halle sind mit dieser glänzenden Gesellschaft gefüllt.« Die Amerikaner überbringen ihm dabei »eine wundervolle Einladung«. Er soll anläßlich der Weltausstellung in San Francisco 1915 auf dem von einem Dieselmotor angetriebenen Polarschiff »Fram« den bis dahin fertiggestellten Panama-Kanal durchfahren. Doch er kann dieser Einladung nicht mehr nachkommen. Wenige Wochen nach diesem Empfang weilt Diesel nicht mehr unter den Lebenden. Seine luxuriöse Villa, die er ahnungsvoll noch kurz vor seinem Tod im Herbst 1913 als »Mausoleum« bezeichnet, wird heute von mehreren Parteien bewohnt.

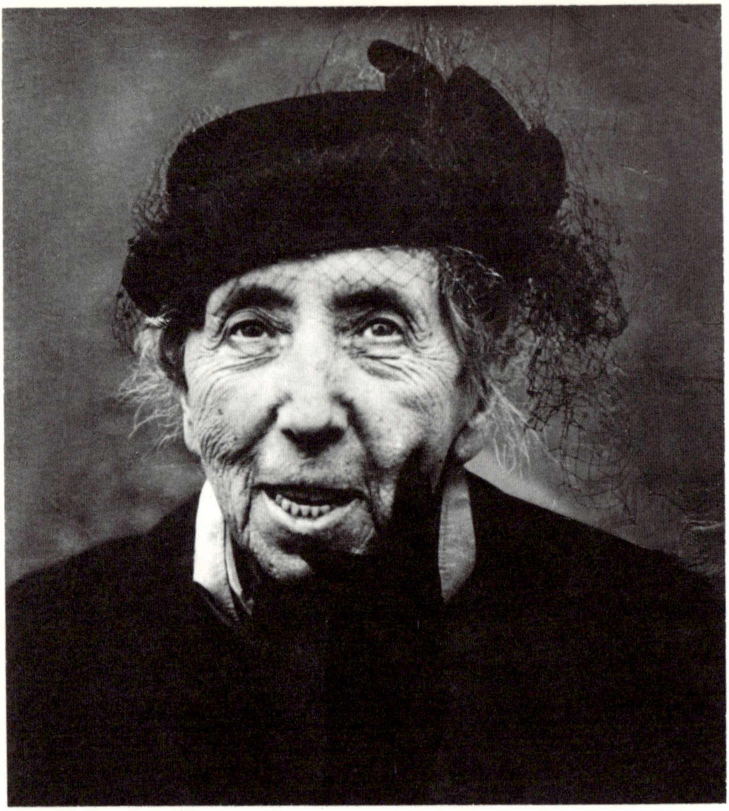

# Annette Kolbs Lebensabend in der Händelstraße 1

»Ich lebe ja hier ganz abgeschlossen«, erzählt 1963 die Schriftstellerin Annette Kolb. Mit dem »hier« meint sie ihre Wohnung in der Händelstraße 1 in Bogenhausen, wo sie gerne in alten Photos kramt, ihre Preise, Auszeichnungen und Orden betrachtet, Zeitungen liest, ja sogar engagierte Leserbriefe (wie zum Beispiel gegen den geplanten Tunnel unter dem Prinz-Carl-

Palais) schreibt. In der Wohnung hängen viele Bilder und Porträts, unter anderem von ihren Eltern, der hübschen Schwester Germaine und vielen Freunden und Bekannten.
Ihre Lieblingsbeschäftigung zu Hause ist aber das Klavierspielen. Viele bewundern sie ob ihrer Virtuosität. Und Erich Kästner erzählt, wie sie »in der Münchner Händelstraße auf ihrem geliebten Flügel ein bißchen Mozart vorspielt«. Ist das nicht auch paradox? fragt Kästner: »Mozart in der Händelstraße!« Er erinnert sich auch, wie man »Mademoiselle Kolb« praktisch nie ohne ihr Toque antrifft. »Und dieses randlose Hütchen trug sie, wenn man sie besuchte und sie sich gerade ausruhte, auch im Bett.«
»Wenn sie, auf ihren Stock gestützt, der Tür zuschritt, fühlte man sich durchaus an Friedrich den Großen erinnert«, erzählt Kästner weiter. Da sitzt sie oft vor ihm »mit Toque und Stock ausgerüstet«, trinkt gern ein Gläschen Champagner, raucht Zigaretten und »streichelt die Katze des Hauses, die auf ihrem Schoß schnurrt, und nennt sie zärtlich Zuckerlieserl«. Kommt sie gerade von einem offiziellen Empfang, »prangen an ihrer Bluse oder Mantille die Rosette der Ehrenlegion und die Steckzeichen des Großen Bundesverdienstkreuzes und des Bayerischen Verdienstordens«.
Von der Händelstraße unternimmt sie auch im hohen Alter noch viele Reisen. Sie ist nach wie vor gern in Paris. Dem bayerischen Ministerpräsident Alfons Goppel, der sie einmal als »gute Bayerin« feiert, erklärt sie prompt: »Ich war auch immer eine gute Französin«. Ihre Mutter stammt ja aus Frankreich, der Vater dagegen aus München, wo er Direktor des Botanischen Gartens war. Katja Mann, die Witwe von Thomas Mann, erzählt in ihren »Ungeschriebenen Memoiren«, Annette Kolb spreche entweder »französisch oder bayrisch«. Hochdeutsch mag sie nicht. Die Preußen sind ihr »von Herzen zuwider«, erzählt Erich Kästner, der als gebürtiger Dresdner sogar Schwierigkeiten hat, von ihr nicht zum Preußen abgestempelt zu werden.
1967, in ihrem Todesjahr, reist Annette Kolb noch nach Israel. Kästner schreibt: »Niemand hatte ihr die gefährliche Fahrt ins Heilige Land ausreden können. Sie setzte ihren Willen auch dies-

mal durch. Womöglich hätte sie, ohne jenen Israel-Flug, die letzte kurze Fahrt von der Händelstraße 1 hinüber zur kleinen Bogenhausener Kirche mit dem grünen Zwiebelturm noch ein wenig aufschieben können.«
Als Kästner sie das letztemal in der Händelstraße besucht, liegt »sie ohne Hütchen im Bett, müde lächelnd, mit erschöpftem Gedächtnis, dem Ende schon zum Winken nahe«. Sie stirbt am 3. Dezember 1967.
Gern erinnert sich Katja Mann an Annette Kolb: »Sie war immer sehr apart und drollig.« Daß sie »immer aufs strengste ihr Alter« verheimlicht, stellt nicht nur Katja Mann fest, sondern auch Kästner. Frau Mann meint, sie sei 103 Jahre alt geworden. Kästner glaubt zu wissen, daß sie nur 100 wurde

# Geist und Schönheit in der Mauerkircherstraße 12

Ein Haus, das wahrscheinlich wie kein zweites über Zeit- und Gesellschaftsgeschichte erzählen kann. Hier wohnen der Ordinarius für bayerische Landesgeschichte und Präsident der Akademie der Wissenschaften, Karl Alexander von Müller (1882 bis 1964), die zweite (geschiedene) Frau von Otto Falckenberg, dann Erna Hanfstaengl, Mitinhaberin des bekannten Kunstverlages, und die Malerin Helene Raff (1865–1942), die Geliebte von Henrik Ibsen, Adolf von Hildebrand und von Literatur-Nobelpreisträger Paul Heyse (1830–1914). Hier verkehren Adolf Hitler, Ferdinand Sauerbruch (1875–1951) und zu ihrer Zeit bekannte Künstler und Kommunisten.

Im Mai 1919 zieht Karl Alexander von Müller ein, einer der bedeutendsten bayerischen Memoirenschreiber (»Gärten der Vergangenheit«, »Mars und Venus«, »Im Wandel einer Welt«). Er erzählt von seiner Wohnung, daß sie für ihn »über 17 Jahre lang ein geliebtes Heim, der Schauplatz vieler der glücklichsten und kaum einer wirklich unglücklichen Stunde« ist.

Müller schwärmt in der ihm eigenen Weise von dem Gebäude: »Frei über hohe, grüne Baumwipfel und die aus der Tiefe heraufglänzende Isar hinweg schweift der Blick aus den vier vorderen Zimmern abendwärts über einen weiten, fast halbrunden Himmelskreis, von den Baum- und Buschauen des Englischen Gartens bis zu den vertrauten alten Türmen und Kuppeln der Vaterstadt. Wie volltönend wogte in festlichen Stunden das Feiergeläut ihrer Glocken über unsern kleinen Balkon, der gleich einer einsamen Luftgondel über der Straße schwebte. Wie heimatlich klang, sobald es dunkel wurde, das Rauschen des Flusses herauf in meine Arbeitsstube. Das große Schlafzimmer aber sah in der Morgensonne hinüber zum freundlichen Zwiebelturm des ländlichen St.-Georgs-Kirchleins am Hang seiner Gärten.«

*Karl Alexander von Müller*

Das »erste Geschenk dieser Wohnung« ist für den Historiker die Malerin Helene Raff, das hübsche Wesen, das einst Ibsen, Hildebrand und Heyse verehrten. Unter dem Eindruck der jüngsten Ereignisse erzählt sie Müller, nach dem Geiselmord so böse gewesen zu sein, »daß ich am liebsten ein Beil genommen hätte und selbst auf die Straße gegangen wäre«. Später zeigt sie dem Gelehrten Briefe von Franz Liszt und Ibsen und kleine Kunstwerke und Liebesgaben von Hildebrand. Müller: »Es war ein ganzes Jahrhundert deutscher Kultur, in das sie zurücksah, und das in diesen (ihren) bescheidenen Räumen noch etwas vom Duft des lebendigen Augenblicks behalten hatte.«
Einen Stock über »Tante Helene« (so nennen sie Müllers Kinder) wohnt Erna Hanfstaengl, die Geliebte des weltberühmten Sauerbruch, der sich wegen ihr sogar scheiden lassen will, aber

es seiner Kinder zuliebe schließlich unterläßt. Der Arzt berichtet: »Sie erschienen eines Tages alle vier in der Universitätsklinik. Die Jüngste, meine Tochter, führte das Wort. Sie sagte: ›Vater das geht nicht.‹« Sauerbruch gibt daraufhin den Kindern nach und Erna den Laufpaß. In Münchner Gesellschaftskreisen munkelt man aber noch lange, daß Erna Hanfstaengl von Sauerbruch einen Sohn habe, den man allgemein »Sauerstaengl« nennt. Zu den Kaffeegästen der geist- und liebevollen Dame gehören unter anderem Adolf Hitler und der Abt Alban Schachleitner vom Benediktinerkloster Emaus bei Prag, der im Dritten Reich wegen seines frühen Bekenntnisses zu Hitler besonders verehrt wird. Müller erzählt: »Wir andern saßen schon zu viert am blanken Mahagonitisch vor dem Fenster, als die Wohnungsglocke klang; durch die offene Tür sah man, wie er (Hitler) auf dem schmalen Gang die Gastgeberin fast unterwürfig höflich begrüßte, wie er Reitpeitsche, Velourhut und Trenchcoat ablegte, schließlich einen Gürtel mit Revolver abschnallte und gleichfalls am Kleiderhaken aufhängte. Das sah kurios aus und erinnerte an Karl May. Wir wußten alle noch nicht, wie genau jede dieser Kleinigkeiten in Kleidung und Benehmen schon damals auf Wirkung berechnet war, nicht anders wie das auffällige kurzgeschnittene Schnurrbärtchen, das schmaler war als die unschön breitflügelige Nase. Der Mann, der hereinkam, war nicht mehr der trotzig-verlegene Ausbilder in einer schlechtsitzenden Uniform, der mir 1919 gegenübergestanden war; aus seinem Blick sprach schon das Bewußtsein des öffentlichen Erfolges: aber etwas seltsam Linkisches haftete ihm immer noch an, und man hatte das unangenehme Gefühl, er spürte es und nahm es einem übel, daß man es bemerkte. Auch das Gesicht war immer noch schmal und bleich, beinahe mit einem leidenden Zug. Nur das vorgewölbte wasserblaue Auge starrte manchmal in einer unerbittlichen Härte, und über der Nasenwurzel zwischen den starken Augenbögen ballte sich, fast wulstartig empordrängend, ein fanatischer Wille. Auch diesmal sprach er sehr wenig und hörte die meiste Zeit mit betonter Aufmerksamkeit zu.«

*Thomas und Katja Mann mit den Kindern Klaus, Elisabeth, Michael und Erika*

# Thomas Mann und seine Villa in Bogenhausen Thomas-Mann-Allee 10

Von 1914 bis 1933 wohnt Thomas Mann (1875–1955) mit seiner Familie in seinem Haus Poschingerstraße 1 (heute Thomas-Mann-Allee 10). Der Bau dieser Villa hat den Dichter so »ausgepowert«, wie er am 27. Juni 1914 selbst bekennt, daß er sich zu allergrößter Sparsamkeit gezwungen sieht. In seinem Haus arbeitet er unter anderem an »Herr und Hund«, an den »Bekenntnissen des Hochstaplers Felix Krull«, am »Zauberberg« und an »Joseph und seine Brüder«. Hier erhält er am 12. November 1929 die Nachricht von der Verleihung des Nobelpreises, und von hier aus geht er nach der Machtergreifung Hitlers ins Exil.

Als Thomas Mann in seine Villa einzieht, ist er schon ein weltberühmter Dichter und angesehener Münchner Bürger. Bruno Walter (1876–1962), der Münchner Generalmusikdirektor, holt das Ehepaar Mann oft zu den großen Konzerten mit seiner zweispännigen blauen Staatskarosse vor dem Hause ab.

In »Herr und Hund« schildert Thomas Mann den Alltag während des Krieges. Er macht mit seinem »Bauschan« lange Ausflüge in den Isarauen und pflegt mit ihm »zu sprechen und zu spielen«, wenn er auf seinem Stuhl »in der Mauerecke des Gartens oder draußen im Gras, den Rücken an einen bevorzugten Baum gelehnt«, in einem Buche liest. 1919 wollen die Roten seine Villa stürmen. Nur Ernst Toller, der den Dichter sehr schätzt, verhindert dieses Unternehmen.

Zwischen Revolution und Reichstagsbrand ist das Thomas-Mann-Haus Treffpunkt vieler großer Schriftsteller und Künstler. Katja Mann berichtet darüber in ihren »Ungeschriebenen Memoiren« unter anderem: »Wir hatten ein ziemlich offenes Haus in München, und viele befreundete Menschen verkehrten dort mehr oder weniger häufig. Es fiele mir heute schwer, sie alle namentlich aufzuzählen – Hesse, Hofmannsthal, Hauptmann, Josef Ponten, Bruno Frank, Ernst Bertram, Gide, Wedekind, Heinrich Mann, Bruno Walter, Gustav Mahler, Furtwängler und viele, viele andere.«

Und weiter berichtet Katja Mann: »Das Haus war groß.« In den Zimmern des dritten Stockes haben die Kinder ihr Reich, wo sie rumtollen können, ohne den Vater allzuviel zu stören. Das Gebäude selbst beschreibt Viktor Mann, der Bruder von Thomas. Unter anderem meint er in seinem Erinnerungsband »Wir waren fünf«: »Man betrat das Haus von rückwärts und gelangte in eine weite Diele mit Ziegelkamin und schönem Treppenauf-

*Villa Mann im heutigen Zustand*

gang. In drei Haupträumen gingen von hier aus die hohen Flügeltüren: zum Eßzimmer, wo ein Kühlraum für Zigarren in die Wand eingelassen wurde, ferner zum Arbeitsraum und in Katjas Zimmer. Küche und Gesinderäume waren im Souterrain untergebracht, und es gefiel mir sehr, daß die Speisen vermittels Aufzug aus der unteren Region zur Tafel steigen sollten. In zwei Obergeschossen lagen all die Schlaf- und Kinderzimmer, die noch über den augenblicklichen Raumbedarf hinaus dimensioniert waren.«

Unmißverständlich erklärt Thomas Mann schon Jahre vor der

Machtergreifung, was er von Hitler und seinen Helfern hält. Für ihn hat sich schon vor 1930 der Nationalsozialismus »mit der Riesenwelle exzentrischer Barbarei und primitiv-massendemokratischer Jahrmarktsrohheit« verbunden. Wegen solcher und ähnlicher Sätze erreichen ihn bald in seiner Bogenhausener Villa Telephonanrufe, die ihm unverhohlen andeuten, daß man ihn ermorden werde, wenn er sich weiter gegen die »nationale Erhebung« wende. Zu allem Unglück erstattet sein Chauffeur über alle Vorgänge im Mann-Haus genaue Berichte an die Nazis.

Ende 1932, als man glaubt, die Nazigefahr sei überstanden, schreibt Mann in einem Brief: »Gut ganga is'.« Zehn Tage nach der Machtergreifung bricht er von seinem Haus in die Universität auf, wo er einen Vortrag zum 50. Todestag Wagners hält. Am Tag darauf verläßt er die Villa – für immer. Seine beiden Kinder Erika und Klaus fahren im März noch einmal zur Bogenhausener Villa, in die sie bei Nacht und Nebel heimlich einsteigen. Sofort rufen sie von hier aus die Eltern in Arosa an, sie sollten wegen des »schlechten Wetters« auf keinen Fall mehr deutschen Boden betreten.

Münchner Freunde raten zur selben Zeit, in der Schweiz zu bleiben. Thomas Mann merkt jetzt den Ernst der Lage in seiner ganzen Tragweite. Er mag wohl an ein Zitat in seinen »Buddenbrooks« denken: »Und jetzt bin ich hier. Und du kannst zwei Dutzend Arbeitspferde anspannen, nach München bekommst du mich nicht wieder.« Seine Bogenhausener Villa wird kurze Zeit später von Schutzleuten bewacht, die angewiesen sind, Mann zu verhaften, wenn er auftaucht. Am 2. Dezember 1936 wird Thomas Mann die deutsche Staatsbürgerschaft genommen, da er »nicht würdig ist, den Namen Deutscher zu tragen« (Presseanweisung vom 26. 1. 1937). Sein Haus wird beschlagnahmt. Nur ein paar Möbelstücke und einige Bücher können über mehrere Umwege ins Schweizer Exil geschafft werden. Alles andere wird versteigert.

Nach der Enteignung der Villa kommt eine Zweigstelle des »Lebensborn« hinein. Im Krieg wird das Haus so stark zerstört, daß es später um zwei Stockwerke abgetragen werden muß.

# Namenverzeichnis

# Fotonachweis

Die Ziffern verweisen auf Seitenzahlen

Bavaria-Verlag, Gauting bei München: 150 (Holdt), 231 (Hilsdorf). – Bayerische Staatsgemäldesammlungen, München: 36. – Bayerisches Nationalmuseum, München: 48. – Bednax, München: 84, 116. – Bruckmann-Bildarchiv, München: 12, 20, 41, 47, 51, 55, 67, 68, 75, 83, 86 o., 98, 101, 109, 113 u., 114, 118, 121 li., 204 (Foto Fr. Hanfstaengl), 213. – L. Dietz, Burghausen: 201. – Cora Garn-Pottel, München: 19, 26, 50, 53, 57, 64, 67, 74, 86 u., 91, 103, 112, 120, 131, 138, 141, 145, 152, 162, 165, 174, 176, 178, 184, 186, 194, 206, 208, 216, 227, 232. – V. Giesche, München: 134, 148, 196. – H. Goepfert, München: 199. – Interfoto Pressebild Agentur, München: 156, 164. – Landeshauptstadt München, Baureferat Abt. Hochbau: 221. – N. P. Molodovsky, Prien: 44. – Münchner Stadtmuseum: 62, 220. – R. Reiser, München: 24, 89, 113 o., 177, 187. – J. Reisner, München: 172, 215. – Rowohlt Taschenbuchverlag, Reinbek 8: 78. – Helga Schmidt-Glassner, Stuttgart: 14, 16, 28, 32, 37, 38, 42, 214, 223. – Städt. Galerie im Lenbachhaus, München: 117. – Inge-Lore Sturm, München: 70, 77, 94, 107, 123, 127, 155, 158, 168, 190, 236. – Süddeutscher Verlag Bilderdienst, München: 30, 58, 59, 72, 78, 99, 108, 121 re., 128, 129, 133, 140, 142, 146, 160, 169, 179, 182, 191, 192, 197, 211, 225, 227, 232, 235. – Thomas-Mann-Archiv der Eidg. Techn. Hochschule, Zürich: 187. – Ullstein GmbH Bilderdienst, Berlin: 124, 136.

# Quellen und Literatur

*Ungedruckte Quellen:* Geheimes Staatsarchiv München: KS 598, MA 8571. – Hauptstaatsarchiv München: Denkwürdigkeiten des Generals Louis de Clerambault. – Staatsbibliothek München, Handschriftenabteilung: Akt Preysing. – Universitätsbibliothek München: Helene Voelker, maschinenschriftliche Dissertation über Gunetzrhainer.

*Gespräche und Korrespondenzen:* Beatrice del Bondio-Reventlow, Ingeborg Britting, Herbert Günther, Annaluise Halbe, Franz Kögl, Berthold Spangenberg, Karl Ude, Brigitta Wehner.

*Gedruckte Quellen:* Andreas-Salomé, Lou: Lebensrückblick, Frankfurt 1951. – Bierbaum, Otto Julius: Briefe an Gemma, München 1921. – Birnbaum, Immanuel: Achtzig Jahre dabeigewesen, München 1974. – Blei, Franz: Zeitgenössische Bildnisse, Amsterdam 1940. – Boehringer, Robert: Mein Bild von Stefan George, München 1951. – Brandenburg, Hans: München leuchtete, München 1953. – Brentano, Lujo: Mein Leben, Jena 1931. – Briefe an den Geh. Rat Joh. Caspar v. Lippert (1758–1800), in: Oberbayerisches Archiv, Band 96, 1972. – Buerkel, Luigi von: Vom Rindermarkt zur Leopoldstraße, München o. J. – Carossa, Hans: Das Jahr der schönen Täuschungen, Leipzig 1942. – Christ, Lena: Erinnerungen einer Überflüssigen, München 1970. – Corinth, Lovis: Meine frühen Jahre, Hamburg 1954. – Curtius, Ludwig: Deutsche und antike Welt, Stuttgart 1950. – Der Blaue Reiter, München 1914. – Diesel, Eugen: Diesel, Hamburg 1937. – Fernau, Rudolf: Als Lied begann's, Frankfurt 1972. – Fuchs, Georg: Sturm und Drang in München, München 1936. – Gesandtschaftsberichte aus München, München, Band 39–42. – Graf, Oskar Maria: Gelächter von außen, München 1966. – Grote, Ludwig: Erinnerungen an Paul Klee, München 1959. – Günther, Herbert: Drehbühne der Zeit, Hamburg 1957. – Gulbransson, Dagny: Olaf Gulbransson, Pfullingen 1967. – Gulbransson, Grete: Geliebte Schatten, Berlin 1934. – Halbe, Max: Scholle und Schicksal, Salzburg 1940. – Hardenberg, Karl August: Denkwürdigkeiten, Leipzig 1877. – Heine, Heinrich: Sämtliche Werke, München 1964. – Heuss, Theodor: Vorspiel des Lebens, Tübingen 1953. – Hoerschelmann, Rolf von: Leben ohne Alltag, Berlin 1947. – Hoferichter, Ernst: Jahrmarkt meines Lebens, München 1963. – Holland, Hyazinth: Lebenserinnerungen, München 1921. – Holm, Korfiz: ich – kleingeschrieben, München 1932. – Huch, Ricarda: Briefe an die Freunde, Tübingen 1955. – Ibsen, Henrik: Briefe (1844–1900), Stuttgart 1967. – Kästner, Erich: Gesammelte Schriften für Erwachsene, München/Zürich 1969. – Kandinsky, Wassily: Rückblicke, Baden-Baden 1955. – Keyssler, Johann Georg: Neueste Reisen, Hannover 1751. – Klee, Felix: Tagebücher von Paul Klee, Köln 1957. – Kobell, Louise von: Münchner Portraits nach dem Leben gezeichnet, München 1897. – Krupskaja, Nadeshda: Erinnerungen an Lenin, Wien 1929. – Kubin, Alfred: Aus meinem Leben, München 1974. – Lang, Karl von: Aus der bösen alten Zeit, Stuttgart 1910. – Mann, Katja: Meine ungeschriebenen Memoiren, Frankfurt 1974. – Mann, Thomas: Briefe 1889–1936, Frankfurt 1961. – Mann, Thomas und Heinrich: Briefwechsel 1900 bis 1949, Frankfurt 1975. – Mann, Viktor: Wir waren fünf, Konstanz 1949. – Mozart, Wolfgang Amadeus: Mozarts Briefe, Wuppertal 1906. – Mühsam, Erich: Namen und Menschen, Leipzig 1949. – Müller, Karl Alexander von: Mars und Venus, Stuttgart 1954. – Müller, Karl Alexander von: Im Wandel einer Welt, München 1966. – Pezzl, Johann: Reise durch den Baierischen Kreis, Salzburg/Leipzig 1784. – Piper, Reinhard: Mein Leben, München 1964. – Prevot, René: Kleiner Schwarm für Schwabylon, München 1964. – Reger, Elsa: Mein

Leben mit und für Max Reger, Leipzig 1930. – Reventlow, Franziska zu: Briefe, München 1929. – Reventlow, Franziska zu: Gesammelte Werke, München 1925. – Rilke, Rainer Maria: Briefe, Wiesbaden 1950. – Rilke, Rainer Maria: Gesammelte Briefe, Leipzig 1936ff. – Ringelnatz, Joachim: Mein Leben bis zum Kriege, Hamburg 1966. – Roda Roda: Geschichten, Hamburg 1956. – Ruederer, Joseph: München, Stuttgart 1907. – Ruederer, Joseph: Wallfahrer-, Maler- und Mörder-Geschichten, München 1913. – Sauerbruch, Ferdinand: Das war mein Leben, München o. J. – Scheffel, Viktor von: Mein Glück will mir nicht glücken, Karlsruhe 1939. – Scheffel, Viktor von: Wandern und Weilen, Karlsruhe 1951. – Schlagintweit, Felix: Ein verliebtes Leben, München 1967. – Schröder, Rudolf Alexander: Fülle des Daseins, Berlin 1958. – Seidel, Ina: Dank an Bayern, Starnberg 1955. – Seidel, Ina: Drei Städte meiner Jugend, Stuttgart 1960. – Seidel, Ina: Lebensbericht, Stuttgart 1970. – Seinsheim, August von: Kindheitserinnerungen, in: Bayerland 1921. – Sinsheimer, Hermann: Gelebt im Paradies, München 1953. – Speer, Albert: Erinnerungen, Frankfurt 1969. – Speer, Albert: Spandauer Tagebuch, Frankfurt 1975. – Thoma, Ludwig: Erinnerungen, München 1958. – Toller, Ernst: Eine Jugend in Deutschland, Hamburg 1961. – Voss, Richard: Aus einem phantastischen Leben, Stuttgart 1922. – Wedekind, Frank: Gesammelte Briefe, München 1924. – Wedekind, Frank: Selbstdarstellung, München 1954. – Wedekind, Pamela: Mein Vater Frank Wedekind, in: Reclams Literatur-Kalender, Stuttgart 1960. – Wekhrlin, Wilhelm Ludwig: Reise durch Oberdeutschland, Salzburg 1778. – Wolfskehl, Karl: Gesammelte Werke, Hamburg 1960. – Zuckmayer, Carl: Als wär's ein Stück von mir, Frankfurt 1969.

*Sekundärliteratur:* Bäthe, Kristian: Wer wohnte wo in Schwabing? München 1965. – Biller, Josef/Rasp, Hans-Peter: München, Kunst- und Kulturlexikon, München 1977. – Buchheim, Lothar-Günther: Der Blaue Reiter, Feldafing 1959. – Das Phänomen Franz von Stuck, München 1972. – Dirrigl, Michael: Residenz der Musen, München 1968. – Eichner, Johann: Kandinsky und Gabriele Münter, München 1957. – Fest, Joachim: Hitler, Frankfurt 1973. – Feuchtmayr, Inge: Das Prinz-Carl-Palais in München, München 1966. – Fischer, Otto: Johann Baptist Straub, Stuttgart 1942. – Forster, Karl: Vom Wirken Michael Kardinal Faulhabers in München, in: Der Mönch im Wappen, München 1960. – Glasser, Otto: Wilhelm Conrad Röntgen, Berlin 1931. – Hanfstaengl, Erika: Die Brüder Cosmas Damian und Egid Quirin Asam, o. O. 1955. – Höck, Wilhelm: Rainer Maria Rilkes Münchner Jahre, München 1972. – Lankheit, Klaus: Franz Marc, Köln 1970. – Maier, Hans: Rede zum 100. Geburtstag von Olaf Gulbransson, München 1973. – Marcu Valeriu: Lenin, Leipzig 1927. – Menges, Franz: Hans Schmelzle, München 1972. – Osten, Gert von der: Lovis Corinth, München 1955. – Schärl, Walter: Die Zusammensetzung der Bayerischen Beamtenschaft von 1806–1918, München 1951. – Schardt, Alois: Franz Marc, Berlin 1936. – Scholl, Inge: Die weiße Rose, Frankfurt 1952. – Schröter, Klaus: Heinrich Mann, Hamburg 1967. – Thieme, Ulrich/Becker, Felix: Allgemeines Lexikon der Bildenden Künstler, Leipzig 1907–1947. – Widmann, Siegfried: Franz von Lenbach und seine Zeit, Köln 1973. – Winkler, Michael: Stefan George, Stuttgart 1970.